Cette France
qu'on ne peut plus aimer

Questions Contemporaines
*Collection dirigée par J.P. Chagnollaud,
B. Péquignot et D. Rolland*

Chômage, exclusion, globalisation… Jamais les « questions contemporaines » n'ont été aussi nombreuses et aussi complexes à appréhender. Le pari de la collection « Questions Contemporaines » est d'offrir un espace de réflexion et de débat à tous ceux, chercheurs, militants ou praticiens, qui osent penser autrement, exprimer des idées neuves et ouvrir de nouvelles pistes à la réflexion collective.

Derniers ouvrages parus

Véronique WASYKULA, *RMI : vous devez savoir*, 2011.
Antoine BRUNET, Jean-Paul GUICHARD, *L'Impérialisme économique. La visée hégémonique de la Chine*, 2011.
Louis R. OMERT, *Le Sursaut. Essai critique, social et philosophique*, 2011.
Jean-Pierre DARRÉ, *De l'ère des révolutions à l'émancipation des intelligences*, 2011.
Jean-Pierre LEFEBVRE, *Pour une sortie de crise positive, Articuler la construction autogestionnaire avec le dépérissement de l'État*, 2011.
Jean-René FONTAINE et Jean LEVAIN, *Logement aidé en France, Comprendre pour décider*, 2011.
Marc WIEL, *Le Grand Paris*, 2010.
Theuriet Direny, *Idéologie de construction du territoire*, 2010.
Carlos Antonio AGUIRRE ROJAS, *Les leçons politiques du néozapatisme mexicain, Commander en obéissant*, 2010.
Florence SAMSON, *Le Jungle du chômage*, 2010.
Frédéric MAZIERES, *Les contextes et les domaines d'interventions de l'Attaché de Coopération pour le Français*, 2010.
Noël NEL, *Pour un nouveau socialisme*, 2010.
Jean-Louis MATHARAN, *Histoire du sentiment d'appartenance en France. Du XIIe siècle à nos jours*, 2010.
Denis DESPREAUX, *Avez-vous dit performance des universités ?*, 2010.
Vincent TROVATO, *Marie Madeleine. Des écrits canoniques au Da Vinci Code*, 2010.

Maurice T. Maschino

Cette France
qu'on ne peut plus aimer

Du même auteur

Le Refus, Maspero, 1960.
L'Engagement, Maspero, 1961.
L'Algérie des illusions, en collaboration avec Fadéla M'Rabet, R.Laffont, 1972.
Le Reflux, précédé d'un entretien avec Francis Jeanson, P.J. Oswald, 1975.
Sauve qui peut, démocratie à la française, recueil d'enquêtes parues dans *Le Monde diplomatique*, Savelli, 1977.
Votre désir m'intéresse, enquête sur la pratique psychanalytique, Hachette-Littérature, 1982.
Vos enfants ne m'intéressent plus, Hachette-Littérature, 1983.
Voulez-vous vraiment des enfants idiots ? Hachette- Littérature, 1984.
Savez-vous qu'ils détruisent l'université ? Hachette-Littérature, 1984.
Etes-vous un vrai Français ? Grasset, 1989.
« Allez-y doucement, camarades ! » ou l'amour chez les Soviets, R. Laffont, 1991 (traduit en roumain).
L'Ecole, usine à chômeurs, R. Laffont, 1993.
Quand les profs craquent, R. Laffont, 1993.
Mensonges à deux, Calmann-Lévy, 1995 (traduit en espagnol).
Après vous, Messieurs, les femmes et le pouvoir, Calmann-Lévy, 1997.
Ils ne pensent donc qu'à ça ? Calmann-Lévy, 1998.
Y a-t-il de bonnes mères ? Belfond, 1999 (traduit en grec).
Votre âge ne m'intéresse pas, Denoël, 2000 (traduit en japonais).
Louba la peste, Mercure de France, 2001.
Oubliez les philosophes ! Complexe, 2001.
Parents contre profs, Fayard, 2002.
L'Algérie retrouvée, Fayard, 2004.
Algérie, un deuil impossible, El Wattan, Alger, 2006.
Un geste ordinaire, Jean-Claude Gawsewitch, 2006.
L'école de la lâcheté, Jean-Claude Gawsewitch, 2007 (« J'ai lu », n°8566).
La République des bigots, Les Editions libertaires, 2009.
L'insoumis, à paraître aux Editions libertaires.

© L'Harmattan, 2011
5-7, rue de l'Ecole-Polytechnique, 75005 Paris

http://www.librairieharmattan.com
diffusion.harmattan@wanadoo.fr
harmattan1@wanadoo.fr

ISBN : 978-2-296-54305-8
EAN : 9782296543058

Avant-propos

Mais dans quel pays je vis ? Chaque matin, en m'éveillant, je me demande si je ne fais pas un cauchemar.

Sur le devant de la scène, je ne vois que coquins et faquins.

Se tortillant comme des clowns sur les estrades ou pontifiant à la télé, parlant tantôt comme des voyous, tantôt comme des cancres qui massacrent la langue, ils jurent au peuple qu'ils sont à son service quand ils l'accablent d'impôts et favorisent les riches, cassent le service public (hôpitaux, écoles, poste), font de la justice la servante du politique et des médias les porte-parole du pouvoir, fichent les citoyens, pressent comme des citrons les travailleurs et retardent leur départ à la retraite, mettent en garde à vue plus de 800 000 personnes en un an[1] et multiplient les lois liberticides, agitent le spectre d'une « invasion » d'immigrés, accroissent xénophobie et racisme et, foulant aux pieds les droits de l'homme qu'ils prétendent défendre, emprisonnent des bébés, séparent des couples, brisent des familles.

Où qu'on porte le regard, on ne voit que ruines, on n'entend que pleurs et gémissements. Ces fripons détruisent ce qu'à force de luttes ce pays avait fini par se donner : une démocratie qui, malgré toutes ses insuffisances et le reniement fréquent de ses idéaux, assurait au plus grand nombre des conditions de vie relativement supportables et qui, dans une certaine mesure, grâce à des combats incessants, s'amélioraient régulièrement.

Ce temps-là est fini.

De la même façon qu'au sommet, des ennemis du bien public gèrent le pays dans le seul intérêt des ploutocrates, la base elle-même n'est plus ce qu'elle était.

---

[1] *Le Monde,* 5 février 2009.

Décapitée, sans représentants authentiques – ceux qui parlent en son nom sont aussi narcissiques, arrivistes et dénués de scrupules que ceux dont ils rêvent de prendre la place -, elle se désagrège. Elle se battait, elle est exsangue, elle était solidaire, elle s'est dispersée en milliers d'individus qui s'ignorent ou/et se combattent. Il y avait des camarades, il n'y a plus que des gens, et au *chacun pour tous* a succédé le *chacun pour soi*. Avec son cortège d'agressivité, de haines, de coups fourrés et de coups de couteau, jusque dans les écoles.

Au respect a succédé la voyouterie, à la politesse le *pousse-toi de là que je m'y mette,* à la lutte des classes la cogestion, aux syndicalistes durs et purs des « partenaires sociaux », à l'engagement la trahison, aux militants des courtisans et aux citoyens des sujets.

La République est morte. Se met en place, dans l'indifférence générale, sans que personne ne descende dans la rue pour dire son fait à l'Ubu élyséen, une sorte de monarchie bâtarde, mais qui s'affirme chaque jour davantage, corrompt ou dépossède de tout pouvoir les institutions républicaines, que le roi-président, seul maître du royaume, tente de rendre héréditaire.

Courbettes autour de sa Majesté, résignation dans le pays profond.

Un pays qui lui-même se désagrège et se défait. Où tout s'abîme, se dégrade ou se meurt. Nature saccagée, villes enlaidies et polluées, stupidité galopante, agressivité générale, délire de grandeur et détestation de l'étranger, servilité des médias, nullité du personnel politique, pléthore d'intellectuels serviles et flagorneurs : comment s'étonner que chaque jour des malheureux se jettent par la fenêtre ou sous une rame de métro ?

Selon l'enquête internationale d'une centaine de chercheurs, la France se situe au 62e rang des pays où les habitants se disent heureux de vivre. Loin devant elle, la

Malaisie (17ème), le Costa Rica (13ème), et parmi les tout premiers, le Danemark, la Suisse, l'Autriche...[2]

Ici, la vie devient si dure, si insupportable, que chacun, un jour ou l'autre, est tenté d'en finir. Et, de plus en plus souvent, passe à l'acte : 25 employés de France Télécom en quelques mois, d'autres chez Renault, à la Poste, au Pôle emploi...

Si l'on ne se tue pas, on fait une dépression – c'est le cas, entre autres, de très nombreux enseignants – ou l'on s'abrutit pour oublier. Presque tous se scotchent à la télé plus de trois heures par jour, d'autres, ou les mêmes, se saoulent ou se droguent, beaucoup se réfugient dans la maladie et la plupart se gavent de psychotropes, tandis que des excités se trouvent une raison de vivre en saccageant des tombes ou en enlevant des gamins et que des millions de paumés attendent chaque semaine le tirage du loto comme d'autres le messie. Les moins atteints, ou les plus débrouillards, prennent la tangente et filent à l'étranger.

Je n'en suis pas là. Mais depuis mai 2007, je ne m'y retrouve plus. Comme si, autour de moi, tout avait brusquement changé. Ou plutôt, comme si, dans un même décor, une autre pièce se jouait. Avec des acteurs qui ne connaissent pas leur rôle, ou le méprisent, jouent n'importe comment, disent n'importe quoi.

Constamment choqué, ou scandalisé, je ne reconnais plus ce pays. Et, plus souvent qu'autrefois, je m'y sens mal à l'aise, tant l'air que nous respirons est pollué, tant les valeurs qui ont la cote – l'argent bien sûr, la réussite matérielle, le bling bling et le clinquant, le mépris affiché de toute intellectualité, l'égoïsme et la bassesse généralisée – tant ces valeurs sont à mille lieues de celles qui m'ont formé.

Deux exemples ?

Le premier – l'école. Il y a plus de 25 ans, je dénonçais, avec quelques autres, sa débâcle. Mais j'étais loin d'imaginer

---

[2] *Le Monde magazine*, 19 septembre 2009.

qu'elle allait carrément se prostituer et payer les élèves pour qu'ils daignent la fréquenter. Un voyage, un permis de conduire gratuit pour récompenser ceux qui ne s'absentent pas ! Ce n'est qu'un début : je ne vois pas pourquoi demain un surveillant ne donnerait pas chaque jour I euro à tout élève qui franchit le portail d'un établissement.

Inversion radicale des valeurs : hier, on « payait » pour être admis dans un lycée ou dans la classe supérieure (on « payait » par ses bonnes notes, la qualité de son travail), aujourd'hui, c'est l'école qui paie – sans guillemets – pour n'être pas désertée. Disqualification radicale du travail intellectuel qui, de fin, devient un moyen pour apprendre à conduire ou voir du pays !

Deuxième exemple : cette affirmation sereine, contente d'elle-même, qu'il y a deux justices, l'une pour le tout-venant, l'autre pour le gratin. Un pédophile lambda soulève l'indignation, l'arrestation d'un cinéaste célèbre, accusé de pédophilie, suscite l'émoi de la Cour et la colère du ministre de la culture.

Valeurs piétinées ou inversées, étalage impudique de forfaits qui passent pour de hauts faits, revendication éhontée d'une école, d'une justice, d'une fiscalité à deux ou trois vitesses : chaque jour apporte son lot de reniements.

Par exemple encore, cette volonté du Prince de faire « élire » son fils à la présidence d'un organisme à dimension internationale. L'émoi fut tel, certes, qu'au dernier moment il a renoncé, mais il a osé. Avait--il perdu la tête ? Etait-il devenu complètement fou ? Les pays étrangers se moquaient, éditorialistes et caricaturistes s'en donnaient à cœur joie, tandis que les courtisans, ici, s'ingéniaient à faire du vice une vertu et du népotisme le plus grossier une marque d'affection paternelle.

Mais dans quel pays vivons-nous ?

C'est pour y voir plus clair et mieux comprendre ce qui m'agresse que j'ai décidé d'observer de plus près, à tous les niveaux, cette société dans laquelle je vis et dont les us et coutumes, qu'il s'agisse des citoyens ou de leurs dirigeants, me sont si souvent insupportables.

Il est probable que bien des Français ne voudront pas se reconnaître dans l'image qu'ils me donnent et m'accuseront, entre autres, de généraliser : chacun n'est-il pas unique ? Sans doute, mais tous les membres d'une société proviennent d'une même matrice et, s'ils ne sont évidemment pas tous les mêmes, ont en commun un certain nombre de traits et de réactions.

D'autres me jugeront nostalgique. J'ai l'habitude : le même reproche m'a été fait il y a plus de vingt ans quand je défendais cette évidence que l'école a pour fonction d'instruire, que dictées, travaux écrits, exposés sont des outils indispensables à l'acquisition des connaissances et que cette acquisition ne va pas sans efforts. Au nom de je ne sais quelle modernité « progressiste », on m'opposait le maître-copain, l'élève « source du savoir » et le travail en chantant. On peut constater chaque jour le résultat de cette « pédagogie ».

Selon toute probabilité, certains déclareront donc que je suis réactionnaire. Pourquoi m'en défendrais-je ? Si ne pas accepter la grossièreté des relations entre individus, le primat du je sur le nous, l'attachement frénétique de chacun à ses privilèges, l'accaparement du pouvoir par une maffia d'arrivistes et de cyniques, c'est être réactionnaire, alors je le suis et le revendique, joyeusement.

D'autres me reprocheront de ne voir que des traits négatifs. Moi-même je me suis demandé si je ne noircissais pas trop le tableau et si, comme aveuglé par les défauts qui sautent aux yeux, je n'occultais pas, malgré moi, quelques caractéristiques positives de mes compatriotes.

J'ai donc prié quelques amis de considérer sous cet angle leur comportement : de la même façon que, chez d'autres peuples, certaines vertus sont largement partagées – la générosité chez les Russes, l'hospitalité chez les Arabes - y a-t-il, leur ai-je demandé, une qualité commune à la plupart des Français ?

Longue réflexion – et réponse négative. A l'échelle nationale – il semble bien, malheureusement, qu'on ne puisse citer la présence d'aucune vertu.

Mais à l'échelle individuelle, évidemment, on trouve maints exemples de comportements exemplaires.

Des « justes », pendant l'occupation allemande, ont sauvé des enfants juifs, des jeunes gens, pendant la guerre d'Algérie, ont refusé de tirer sur un peuple qui se battait pour sa liberté et se sont insoumis, ont déserté, des hommes, des femmes ont soutenu le FLN, et pas seulement en portant des valises, aujourd'hui, d'autres justes s'opposent à une extradition, viennent en aide aux clandestins, enfants, adultes, que la police guette à la sortie des écoles ou recherche dans la « jungle » de Calais.

Tous ces Français-là, et bien d'autres, ces passagers qui s'opposent, dans un avion, à l'expulsion d'un étranger, ces travailleurs qui occupent leur usine, empêchent l'évacuation des machines, prennent en otage des patrons sans foi ni loi et ne se couchent pas devant les CRS, ces enseignants, les « désobéisseurs », qui refusent d'appliquer des programmes imbéciles et le proclament, tous ces Français-là sauvent l'honneur. Leur honneur d'hommes, leur honneur de femmes.

Mais, pour autant, sont-ils à l'avant-garde d'une révolte qui, un jour, chassera des palais de la République imposteurs et mafieux, ou ne sont-ils que les rares survivants de temps révolus, celui de la Révolution, bien sûr, celui des grandes grèves et des manifestations de masse, quand de nobles idéaux dressaient des milliers de citoyens contre les détrousseurs du peuple ?

Pour qui refuse toute illusion et veut raison garder, la réponse, hélas, ne fait pas de doute.

1

Petites maisons basses à l'air fatigué – volets à la peinture écaillée, portes grinçantes -, tas de fumier couverts de mouches sur le bord de la route qui, de la frontière suisse, va vers Belfort, stations-service dont les bacs d'eau, près des pompes, sont à sec ou manquent d'eau savonneuse, cafés-tabac dont les toilettes, d'une propreté douteuse, sont trop souvent dépourvues de papier hygiénique : ce que j'éprouve, à chaque retour de l'étranger, c'est une impression de médiocrité. De petitesse. De repli sur soi d'un pays usé, et qui, tels bien des vieillards dans les hospices, se néglige.

C'est la même impression qu'eut Cioran il y a plus de soixante ans: « Qui a parcouru les villages français (…) réprime difficilement un serrement de cœur devant une monotonie et un silence rendus encore plus graves et irrémédiables par la présence exclusive de quelques vieux (…) Dans toutes les provinces françaises, on se sent écrasé par le manque total de vie, de rythme, d'enfants, d'avenir. C'est la mort complète, veillée par le charme ancestral d'églises isolées dont les clochers résignés (…) semblent vous inviter à partir…[3] ».

Tout comme la désolation des villages et des bourgades que je traverse, me frappe dans ce pays la rusticité des mœurs, leur absence de raffinement, leur négligé, leur grossièreté, dans les deux sens du terme : 1) « qui manque de fini, est informe - un objet de fabrication grossière » 2) « qui n'a pas été dégrossi, poli par la culture, vulgaire - être grossier dans ses manières [4] »

Un être policé se soucie, par exemple, de la propreté des lieux qu'il occupe ou parcourt, tient compte de l'existence

---

[3] Cioran, *De la France*, L'Herne, 2009.
[4] *Petit Robert*, 2007.

des autres et s'interdit, par son comportement, de les incommoder. De souiller l'espace public. Ou d'importuner, par les émanations qu'il dégage, ceux qu'il côtoie.

Pareil souci, en France, n'existe guère, et la saleté est l'une des choses les mieux partagées. En quelque sorte, un signe de ralliement, et qu'on est bien d'ici. Rues, transports en commun, squares et jardins, entrées d'immeubles, couloirs du métro..., il n'est pas de lieu qui n'offre à la vue déjections humaines et animales.

Paris est une ville sale. Elle n'est propre qu'à l'aube, quand passent les arroseuses et les éboueurs ; mais dès que les rues se remplissent, sa propreté n'est plus qu'un souvenir: papiers, journaux déchirés, bouteilles de bière ou de coca, mégots, crachats, crottes de chiens jonchent de nouveau les trottoirs, sans parler de ces matelas crevés, vieux appareils de télévision, réfrigérateurs cassés, ordinateurs démontés qui stationnent parfois plus d'une semaine au pied des immeubles.

Il y a quelques années, la municipalité a transformé les allées centrales des boulevards de Rochechouard et de Clichy en une agréable et verte promenade : depuis, les bosquets sont devenus des décharges où s'accumulent papiers gras, cartons, vieux chiffrons, cannettes de bière, tessons de bouteilles...

Affiches, campagnes de propreté n'y changent rien, évidemment et, à la différence des chiens, des chats, qui, après s'être soulagés, recouvrent d'un coup de patte leur production, les citadins laissent sans pudeur des traces de leur passage.

Jacques, un ami, habite un immeuble cossu à Montmartre. La porte d'entrée ferme mal. Il n'est pas rare, le matin, qu'il trouve une mare devant les boîtes aux lettres : un noctambule s'est soulagé.

Mes élèves de terminale du lycée Poquelin, à Saint-Germain en Laye, ne se cachaient pas derrière un voisin, ou sous une table, pour se libérer : élevés dans de bonnes familles bourgeoises, ils savaient qu'en cas de besoin, on se rend aux toilettes. Et demandaient même la permission. Mais ils m'aimaient tellement qu'en sortant de classe, ils me laissaient un souvenir : imbibés de morve et de crachats, des dizaines de kleenex recouvraient le plancher. Quant aux couloirs, ils étaient jonchés de mégots.

Sales, la plupart des gens n'ont même pas honte de leur état – ni de leurs manies, et même s'en vantent. Ainsi, dans une enquête sur « Petits et gros dégueulasses », une journaliste de *Libération* recueille-t-elle un grand nombre d'aveux[5] :

« Je mange discrètement mes croûtes de tête et d'oreille » (Marc-Antoine, 44 ans). « Je mâchouille mes cheveux sans arrêt, après ça pendouille humide, c'est dégueulasse » (Julie, 31 ans). « Que du classique, je me cure le nez avec délectation » (François, 45 ans). « A la piscine, je fais pipi dans la douche. J'ai la flemme d'aller aux toilettes » (Anne-Claire, 46 ans).

La « flemme » de se laver, elle, semble générale.

Certes, le *Larousse médical* ne se demande plus, comme en 1951, si « la douche ou le bain peuvent être hebdomadaires[6] » - on se douche, en moyenne, 5 fois par semaine -, mais l'on réduit les frais au minimum : les Français dépensent 220 euros par an pour leur hygiène, soit 18 euros par mois. En 2007, 90% ne font jamais de bain de bouche, 37% n'ont pas de brosse à dents – ceux qui en ont la changent une fois par an, alors qu'une brosse n'est efficace que trois mois -, 16% n'utilisent pas de shampoing et ceux qui en achètent se lavent les cheveux en moyenne 2 fois par semaine. 38% n'utilisent pas de déodorant.

Je n'aurais jamais eu l'idée de consulter ces chiffres si je n'avais remarqué que Herbert, un ami suisse, s'efforçait

---

[5] *Libération*, 24 avril 2009.
[6] Cf. sur ces questions Google, articles « propreté des Français », « hygiène… »

régulièrement de baisser une vitre dans le métro, refusait systématiquement de s'asseoir sur un strapontin – « Avoir le nez à la hauteur de leurs fesses ? Ah non ! », détournait soudain la tête, l'air écoeuré, ou se versait régulièrement sur les mains quelques gouttes d'un gel antibactérien. « Tu me prends pour un maniaque ? me dit-il un jour en me voyant sourire. Mais je suis très sensible aux odeurs. Parfois, le parfum discret d'une femme me ravit ; mais que de fois, comme pour cacher la saleté de leurs cheveux gras, elles s'aspergent d'une eau de toilette qui est un vrai tue-mouches et t'asphyxie ! Quant aux émanations naturelles des hommes, n'en parlons pas ! »

2

Même si elle pollue le regard dès qu'on sort de chez soi, la saleté, que dis-je ? la crasse n'est pas la seule manifestation de l'identité nationale.

Il en est une autre, encore plus désagréable à subir parce qu'elle fait totalement fi de notre personne et même, dans certains cas, de notre vie : cette façon, courante, quasiment systématique, d'ignorer l'autre. De ne pas le voir. De ne pas l'entendre. A la limite, de le nier.

Une fille se débat dans un train, appelle au secours, crie qu'on la viole ? On s'enfonce dans la lecture de son journal et, au premier arrêt, on change de wagon. Un aveugle cherche son chemin ? On s'écarte, par crainte de recevoir un coup de canne. Un blessé, un mourant peut-être, gît sur le trottoir ? On le contourne ou on l'enjambe.

Exemples extrêmes ? Peut-être, puisque les médias en font leurs choux gras. Mais il y a tous les autres, qui paraissent si naturels qu'on ne les relève même pas, et dont chacun, à longueur de journée, peut être le témoin.

Assis à la terrasse d'un café, je parle avec un ami, médecin. L'un de ses patients l'aperçoit, s'approche, lui tend la main, commence à lui parler – et ne me voit pas. Au besoin, me tourne le dos. Et ne s'excuse même pas, évidemment, de nous avoir peut-être dérangés. Situation impensable au Maghreb, où, même si l'on ne connaît pas tous les membres d'un groupe, on tend la main à chacun.

Ici, on est avare de son salut – comme du reste. Grandes tapes dans le dos, accolades ? Que non, point de familiarité, point de générosité affective ou simplement gestuelle ! On s'économise. Au maximum. Et sur tous les plans. Un signe de tête, parfois une ébauche de sourire, et l'on passe, raide comme une trique, inexpressif comme un cadavre. Mais si on peut éviter l'importun – l'autre est quasiment toujours un importun – on l'évite et attend, par exemple, pour sortir de chez soi, qu'il ait descendu l'escalier et, mieux, soit sorti.

Rien n'est plus « parlant », si l'on peut dire, que les relations entre les résidents d'un immeuble. Généralement, personne ne connaît personne et l'on se côtoie sans se voir. Frapper à la porte du voisin pour lui demander un peu de sel ? Mais on n'est pas au Maghreb ! Le plus souvent, on ne le « contacte » que pour lui intimer l'ordre, à coups de balai dans le plafond ou contre sa porte, de baisser le niveau sonore de sa télé. Jusqu'au jour où, d'une décharge de chevrotine, on l'abat comme un lapin.

« La première fois que j'ai fait un voyage en train, dit Ksénia, une amie, j'ai été stupéfaite : nous étions quatre dans le compartiment, silencieux, le regard vide. A l'heure du repas, chacun a sorti ses provisions et n'a rien proposé à ses compagnons de voyage. En Russie, chacun aurait offert à l'autre un verre de vodka, des côtelettes, un concombre et, à la fin du trajet – un trajet pendant lequel chacun apprend tout de l'autre et dit tout de soi -, tous les voyageurs auraient échangé leurs adresses… J'étais tellement mal à l'aise que j'ai quitté le compartiment et fini le voyage dans le couloir. »

Qu'on le connaisse ou non, l'autre, dans ce pays, est un être abstrait. Evanescent. Transparent. Qu'on ne voit pas, à qui on ne parle pas, dont, très souvent, on ne soupçonne même pas la présence ou l'existence.

Ainsi est-il toujours dangereux de marcher, sur un trottoir, en longeant les immeubles – il n'est pas rare qu'on se fasse arroser par quelqu'un qui, au 5ème étage, soigne ses fleurs ou qu'on reçoive sur la tête une serviette, une assiette, un pot de fleurs, un crachat…

Traverser une rue, c'est risquer sa vie : feux rouges brûlés, feux verts ignorés, les automobilistes conduisent comme s'ils étaient seuls, ou presque : s'ils tiennent compte des autres voitures – un accrochage peut coûter cher -, ils ignorent les piétons, ne les voient pas, ne veulent pas les voir et, s'ils les aperçoivent, accélèrent pour qu'ils « dégagent ».

A Vienne, à Bruxelles, à Genève, dans les pays civilisés qui nous entourent, les voitures ralentissent spontanément à la vue d'une personne qui s'apprête à traverser, s'arrêtent au feu orange et ne démarrent qu'au feu vert.

Au Danemark, « ce qui frappe en premier le voyageur, (…), c'est le silence. Les nuées de cyclistes qui filent vers leur travail ne laissent échapper que quelques rares coups de sonnette (…) Personne ici pour klaxonner ou injurier le chaland. Mais un doux sentiment de sécurité et de confiance..[7] »

En France, même chez soi, on est exposé à la grossièreté d'autrui : ici, c'est un voisin qui, le soir, dépose sur le palier son sac d'ordures, quitte à vous imposer toute la nuit sa puanteur, là, c'en est un autre qui, à l'étage supérieur, secoue une nappe par la fenêtre et recouvre votre balcon de quignons de pain, os de poulet, feuilles d'artichauts, peaux d'oranges, ailleurs, un sourd, probablement, fait fonctionner une perceuse, chaque samedi, jusqu'à 21 heures.

Les protestations des résidents le laissent indifférent : il est seul au monde.

.

---

[7] *Le Monde magazine*, n° cité.

3

Ce qui m'incommode par-dessus tout, dans ce pays ? L'agressivité, latente ou manifeste, des rapports humains. Qui sont toujours des rapports de force. Plus ou moins déguisés, selon qu'on a affaire à un rustre, qui vous rend la monnaie d'un geste méprisant, ou un tartuffe qui vous raccompagne en vous expliquant que « votre manuscrit est remarquable, mon cher ami, mais pour l'instant… »

Commerçants/consommateurs (cf les plaintes des touristes), éditeur/auteur, rédacteur en chef/journaliste, mandarin/maître de conférence, proviseur/enseignants, « patron »/infirmières, médecin/patient, policier/citoyen, gardien de prison/détenu, guichetier/ usager… : il n'est pas un seul détenteur de pouvoir, si petit soit-il, qui ne jouisse de le montrer, de se prouver qu'il en a, de le faire sentir à l'autre, rarement avec le sourire, sinon cynique et mauvais, le plus souvent sans aucun ménagement, méchamment, avec condescendance, mépris et même brutalité.

Comme si dominer l'autre, au besoin l'écraser, était le tout de leur vie, son piquant, sa justification première et dernière. Comme si, du matin au soir, dans leur activité journalière, dans leurs fantasmes comme dans leurs rêves, ils n'avaient qu'un souci : comment manifester davantage leur pouvoir, quel air afficher, quel langage tenir, quelles ruses, quels pièges inventer, pour s'imposer encore plus, opposer les uns aux autres, écarter un gêneur éventuel, humilier un collègue, épater un voisin, obtenir un privilège, décrocher une médaille…

Il n'est sans doute aucune société où le respect de l'autre s'impose à la majorité de ses membres, mais dans certaines, au Maghreb par exemple, ou chez les Russes, il y a, telles les aires de repos sur l'autoroute, des lieux où l'on dépose son armure et ses couteaux, où l'on se détend, prend figure humaine, se confie à des amis, parle, comme disent les Russes, « à cœur ouvert ».

Ici, où qu'on soit, on reste sur la défensive, se protège, ferme à double tour portes et fenêtres, un mauvais coup est toujours possible. La famille ? Un nœud de vipères, le couple une partie de catch, les amis, de faux-frères... Héritages kidnappés, guerres fratricides, amours trahies, amitiés piétinées : pourquoi s'étonner que les psy aient tant de patients et les pompes funèbres tant de clients ?

Oui, dès que je franchis les frontières de l'Hexagone, toute sérénité disparue, tous sens en éveil, je me demande d'où va venir le premier coup.

Quand je suis dans le métro, la question ne se pose même pas : les coups pleuvent de toute part. A l'estomac, dans les côtes ou le bas-ventre, sur la tête ou dans le dos. Personne ne vous prend à partie, mais tout le monde vous moleste.

Car tout le monde court, se bouscule, se cogne, se marche sur les pieds, d'un coup de coude écarte un gêneur, d'un coup d'épaule renverse un vieillard et aboie à l'intention d'un aveugle : « Regarde où tu marches, connard ! ». Les quais sont des rings et il n'est pas rare que, la bataille terminée, des pompiers viennent ramasser blessés, éclopés, disloqués, comateux, agonisants, cadavres.

La situation est aussi dangereuse dans les wagons. Où l'habitude est de monter en jouant des coudes, avant que les autres ne descendent. Et en gardant son sac à dos sur les épaules. Tant pis si celui qui est derrière reçoit un coup en plein visage et perd un œil ou ses dents.

Il y a sans doute des heures creuses, où aucun pieu ne risque de vous éborgner, aucun sac de vous étouffer, aucune grosse chaussure à clous de vous écraser les doigts de pieds. Mais pour autant on n'est pas tranquille : se tenant d'une main à la barre centrale, un gosse ne cesse de tourner en rond sous le regard amusé de sa mère, sans qu'aucun passager n'ose protester. Se croyant admiré, le gosse tourne, tourne et vous donne le tournis.

Ou bien, toutes trompettes dehors et amplificateur à fond, un trio de casse-oreilles vous impose son tintamarre, vous obligeant dans un premier temps à vous réfugier à l'autre bout du wagon, puis à changer de wagon et, pour peu que le trajet soit long, à recommencer deux ou trois fois la manœuvre.

Evite-t-on saxophones et clairons, on n'échappe pas à la sonnerie stridente d'un mobile. Puis d'un deuxième. D'un troisième. Que suit, généralement, une conversation à voix forte, parfois tonitruante, qu'en vain vous essayez de ne pas entendre. La voix vous submerge, et c'est tout juste si, avec votre voisine, vous ne répétez pas, l'air idiot, *Oui, j' suis à Châtelet, j'arrive dans dix minutes. T'as préparé la salade ?... D'accord, j'achète le camembert* ».

Ou bien, c'est un gros type qui monte et, repérant près de moi un strapontin inoccupé, s'y précipite, puis, je ne sais pourquoi – besoin de tendresse ? de chaleur humaine ? – s'affale tout contre moi, prend ses aises, souffle comme un bœuf, projette des postillons, écarte largement ses jambes, me force à me faire le plus petit possible, ou déploie son journal, dont une page recouvre celle que je lis. A moins que, collant presque sa joue contre la mienne et m'envoyant des relents de vinasse, il n'essaie de déchiffrer un article qui l'intrigue.

Ou bien, c'est une bonne femme – typique : la soixantaine passée, plutôt épaisse, air revêche, lèvres pincées, regard dur - qui, dès que je suis assis, se met à m'observer, me détaille, suit tous mes gestes, l'un après l'autre, me regarde ouvrir ma sacoche, en sortir un livre, mettre mes lunettes et me gâte l'humeur.

Notre Dame des Champs : je veux descendre, mais, appuyé contre la porte, un couple se bécote. « Vous permettez ?» A mon tour, je bouscule et, par-dessus le marché, me sens obligé de demander pardon à des importuns qui bloquent le passage, ne s'excusent même pas et, en s'écartant à peine, me lancent un regard furieux.

Le monde à l'envers, vraiment.

4

La France : un monde où chacun vit replié sur lui-même, voit dans l'autre un importun, sinon un ennemi, et ne pratique quasiment jamais le partage.

Revenu du Maghreb, où j'ai vécu vingt ans, j'étais sidéré, au début, par ce quant-à-soi, cette façon de tenir l'autre à distance, de garder les mains, et sa porte, toujours fermées.

S'il est une qualité qui manque aux gens d'ici, c'est bien la générosité : ils ne donnent pas. Les Maghrébins donnent, les Russes donnent : de l'argent, du temps, de l'écoute, de leur personne. M'apprêtant, à l'aéroport de Chérémétievo, à changer des euros contre des roubles, l'ami qui m'attend me retient et, presque de force, me met dans la main une liasse de billets. Stupéfait de mes protestations, il refuse mes euros : « Que veux-tu que j'en fasse ? »

Conduite extravagante pour des Français.

Leur rapport à l'argent, entre autres, est pathologique.

Regardez-les ouvrir, et d'abord chercher leur porte-monnaie, qu'ils s'imaginent régulièrement avoir perdu. Cérémonial typique dans un magasin : ils fouillent dans leur sac ou dans leurs poches, s'énervent, ou font semblant, et si vous ne leur proposez pas de régler pour eux, finissent par le trouver. Puis l'ouvrent comme une boîte aux trésors, farfouillent, cherchent le billet de 20 euros dont ils ont besoin, n'en trouvent qu'un de 10 et, la mort dans l'âme, en tirent péniblement un de 50. A l'évidence, ils souffrent.

S'identifiant à ce qu'ils ont, ils ne disent jamais combien ils gagnent. Sauf, depuis peu, les vedettes du sport et des médias : cyclistes, footballeurs, chanteurs affichent volontiers ce qu'ils valent. L'argent, à ce niveau là, ne se cache pas, il s'étale. Mais pour les petits, il se dissimule. Secret défense : s'ils gagnent peu, pensent-ils, l'autre les méprisera, et s'ils gagnent beaucoup, il les enviera.

Lors de mes premiers reportages, il m'arrivait de demander à mon interlocuteur combien il gagnait. Question déplacée : l'interviewé se tortillait, comme si une puce l'avait piqué, bredouillait, fuyait dans les généralités (« Oh, vous savez, un employé gagne très peu »), et changeait de sujet.

Il y a quelques années, des enseignants décidèrent, pour que le ministère recrute davantage de maîtres auxiliaires, de refuser toute heure supplémentaire. Et d'afficher dans la salle des profs leur bulletin de salaire : chacun pourrait constater qu'ils ne trichent pas. Prise dans l'euphorie générale, cette décision resta pratiquement lettre morte : seuls deux enseignants, sur cinquante, affichèrent leur bulletin.

A l'inverse des Arabes, pour qui donner, c'est non seulement manifester son amitié, mais accroître son prestige et exister davantage, dans l'imaginaire hexagonal, c'est perdre de sa substance. Un Arabe qui donne non seulement honore son hôte, mais s'estime davantage : il a su tenir son rang. Un Français qui donne sourit par devant et rit jaune par derrière : il s'appauvrit. Et si en retour il ne reçoit rien, il se dit qu'il s'est fait avoir.

Ici, on fait rarement un cadeau – un cadeau qui vient du cœur, en dehors du temps des « fêtes » et des impératifs sociaux, un cadeau gratuit et qui dit seulement l'amitié -, on oublie volontiers un anniversaire et il arrive qu'invité, on vienne chez son hôte les mains vides.

Couronné par un prix littéraire qui, outre la gloire, lui assure la richesse, un écrivain célibataire vient chaque soir chez des amis : il n'a pas la télévision et souhaite se voir dans les émissions où il a été interviewé. La maîtresse de maison, qui n'aime pas cuisiner, fait un effort et lui prépare, pendant une semaine, un excellent dîner. L'écrivain est si heureux qu'il en oublie de lui offrir ne serait-ce qu'une rose.

Au restaurant, on partage, mais il se trouve toujours quelqu'un qui n'a pas l'appoint. Ou a oublié sa carte de crédit. Faisant la queue devant un cinéma, on laisse passer son ami : peut-être aura-t-il la bonne idée de vous offrir la séance. Quelqu'un vous invite-t-il, c'est de préférence au café, mais si vous lui proposez le restaurant, il accepte volontiers : puisque vous l'invitez, vous paierez.

Il arrive, bien sûr, qu'il vous invite chez lui. Mais autant apporter son casse-croûte. Surtout chez les petits bourgeois et, en particulier, les intellectuels : une tranche de jambon ou une petite cuisse de poulet rachitique, deux maigres pommes de terre, parfois deux olives, et le repas est fini.

Il y a mieux : « Apporte de quoi manger, du saucisson par exemple, un peu de fromage, surtout n'oublie pas le vin», dit une enseignante à une collègue qu'elle invite à déjeuner. Plutôt surprise, la collègue prétend qu'elle a mal entendu. Nullement : on lui répète la même demande.

Lucile et Noël, eux, savent à quoi s'en tenir : lorsqu'ils rendent visite à leurs parents, qui sont aisés, ils paient leur repas. Et, en partant, laissent discrètement, sur un coin de la table, une petite enveloppe qui dédommage largement ceux qui les ont « invités ».

On le dit, on l'écrit, on le regrette, mais cela ne change rien : tous les étrangers déplorent qu'il soit si difficile d'être reçu chez des Français. Xénophobie, méfiance expliquent sans doute, mais partiellement, cette attitude. J'y vois plutôt la manifestation d'une double pingrerie : la première – financière, il faudra faire honneur à la gastronomie nationale, acheter un bon vin, de bons fromages, donc dépenser, et sans espoir de retour, la deuxième, egotiste/égoïste : il faudra écouter, parler, donner de sa personne, rendre service peut-être, c'est beaucoup, c'est trop. A moins, bien entendu, que l'étranger n'ait une villa à Malaga…

Rares ceux qui sont ouverts et qui se prêtent, ne serait-ce qu'un instant, à autrui. Repérer, dans la rue, la personne à qui on demandera son chemin n'est jamais facile : visage fermé, bouche cousue, regard perdu dans le vague, la plupart semblent inabordables et découragent toute tentative.

D'autant plus que, pressentant à votre attitude que vous cherchez quelque chose, ils pressent le pas, serrent leur sac contre leur flanc, sortent leur portable, comme s'ils appelaient police-secours. Inutile, et même dangereux, d'aborder une vieille dame ou une jeune femme, l'une, en se dépêchant, risque de tomber et de crier à l'agresseur, l'autre, de vous donner, à titre d'avance, une paire de claques.

Simone de Beauvoir était assurément plus accueillante et, à notre retour d'Algérie, elle nous reçut très cordialement. Mais il apparut très vite qu'elle voyait en Fadéla bien plus une source d'information sur « la femme algérienne » qu'une personne singulière, dont le devenir personnel ne l'intéressait guère : à aucun moment, elle ne lui demanda comment elle envisageait son avenir en France, ni si elle-même pouvait, d'une façon ou d'une autre, lui faciliter ses démarches.

Collaborant depuis plus de vingt ans à un journal, un ami, peu à peu, s'en éloigna, puis finit par ne donner aucun papier. Il aurait pu être malade, ou mort : personne ne s'informa des raisons de sa disparition et longtemps il attendit en vain un coup de fil. Naïf, il se croyait apprécié, quand il n'était qu'utilisé.

A chacun ses exemples, ils sont légion. Mais il est une phrase, toute simple, toute bête, de la vie quotidienne, une sorte de tic verbal ou de réflexe conditionné, qui les résume tous et signe le caractère national : « Je vais prendre... ».

Entrez chez un épicier, écoutez : « Que désirez-vous ? » A tous les coups, le client s'abstient de désigner directement le produit qu'il désire – des tomates, des fruits... - autrement dit s'abstient de nouer une relation égalitaire avec son interlocuteur, ignore sa question, le renvoie au néant et déclare, souverain : « Je vais prendre... » « Vous désirez autre chose ? » « Oui, je vais prendre... »

Prendre – des denrées, la place d'un autre, un avantage... - il sait. Donner, il ignore : tout le Français est là.

5

« Pousse-toi d'là que j' m'y mette » : c'est la règle.

L'exemple vient de haut. Il n'est pas de jour qu'à coups de sirènes et de sifflets stridents, des motards ne chassent passants et badauds vers les bas-côtés : un notable passe. Monarchie ou République, il n'est pas de jour qu'on ne piétine allègrement ceux qu'autrefois on appelait ouvertement des sujets et qu'aujourd'hui on fait mine de considérer comme des citoyens.

Mais depuis mai 2007, tous les records sont battus : les dits citoyens sont hors jeu, comme d'habitude, mais les ministres aussi, qui n'ont aucun pouvoir, qu'on ne voit même plus à la télé, qui se cachent, se taisent, rampent, ont peur de leur ombre et que le Prince a remisés dans des placards, occupant à lui seul, avec ses tics, ses grimaces, sa vulgarité, sa suffisance, son inculture, ses réflexions stupides ou indigentes, toute la scène.

Alors pourquoi les *gens d'en bas* se gêneraient-ils ? Entreprises, usines, ministères, banques, universités…, dans tous les collectifs de travail, c'est à qui écartera un gêneur, écrasera un rival, maltraitera un subordonné, le dénigrant, le calomniant, le harcelant, lui souriant par devant et le poignardant par derrière. A chacun sa méthode, mais chez tous la même obsession : la mort de l'autre.

On le constate tous les jours : rue, place, jardin public, l'espace urbain est un lieu d'affrontement.

Lorsque, au Luxembourg, quand la terre est détrempée, je marche sur l'une de ces allées cimentées qui le traversent et qu'en face avancent d'autres promeneurs, il est très rare qu'ils s'écartent pour libérer un peu d'espace. Les mères avec leur poussette : jamais. Elles avancent, conquérantes, l'espace leur appartient. Au passage, leur char d'assaut vous cogne ou vous écrase un pied. Ne protestez pas : le malappris, c'est vous.

Ceux qui ont un chien sont tout aussi dangereux : craignant d'être mordu, le vis-à-vis s'écarte prestement, quitte à glisser dans la boue. Et les autres, qui n'ont pas de chien, pas d'enfant, pas de vieillard à soutenir, bref, qui ont les mains libres et la démarche légère, marchent comme s'ils allaient à l'attaque.

En été, ils marchent moins. Ou plus du tout. Mais, pour autant, ce n'est pas la joie : où s'asseoir ? Les samedi-dimanche, quand il fait beau, on se croirait sur un terrain de chasse : cachés derrière un arbre, parfois armés de jumelles, des « citoyens » guettent le fauteuil qui va se libérer et, dès que son occupant se lève, se précipitent, quitte à tomber ou faire tomber un concurrent. Le fauteuil est-il déjà occupé, ils n'hésitent pas à s'emparer brutalement de la chaise qui l'accompagne. Puis demandent, en la traînant : « Vous permettez ? »

Un promeneur mobilise d'ordinaire un fauteuil et deux chaises : le fauteuil, pour ses fesses, une chaise, pour sa veste, une autre, pour ses pieds. Qu'il ne déchausse pas, évidemment. Laissant, à son départ, crottes de pigeon séchées ou, pire, restes tout frais d'une crotte de chien.

Maladie nationale ? Train, métro, terrasse de café…partout l'on observe ce tropisme du *siège d'en face*. Qui attire les pieds du voyageur, presque toujours un homme, comme l'aimant une aiguille.

Les chaussures, objet fétiche ? J'ai l'impression que, dans ce pays, on montre plus facilement son nombril que ses doigts de pieds. Peut-être parce qu'on les lave rarement (les pieds), peut-être parce que les chaussettes sont trouées, les collants filés ou encore, parce que les chaussures « habillent » ou signent l'homme civilisé. Les « sauvages », c'est bien connu, marchent pieds nus.

Très souvent, lorsque je demande à des invités français de se déchausser dans l'entrée, je perçois une surprise, une légère hésitation, parfois de l'agressivité. A l'opposé des Russes et des Maghrébins qui, spontanément, enlèvent leurs chaussures.

Un jour, quelqu'un – un journaliste très connu - refusa catégoriquement, les joues en feu, de respecter cette règle d'hygiène : « C'est comme si je me mettais tout nu », déclara-t-il, offensé. Il accepta, de mauvaise grâce, de glisser ses bottines, couvertes de boue, dans des sacs plastiques.

« Mais quelle éducation ces gens ont-ils reçue ? » s'étonne Sören, un ami danois.

Bonne question – et réponse évidente.

6

Tous contre tous : par méchanceté ?
Par frustration, aigreur, envie, mal-vie, troubles psychiques, c'est sûr, mais d'abord, par manque total, au sens fort du terme, d'éducation.
Si l'éducateur, selon la belle formule de Mauriac, c'est celui « qui institue l'humanité dans l'homme », très peu, dans ce pays, ont reçu forme humaine.
Evoquant le comportement asocial d'un grand nombre de jeunes, beaucoup dénoncent la démission des parents. Encore faudrait-il qu'ils aient une mission, ou plutôt, qu'ils aient conscience d'en avoir une. Autrement dit, qu'ils aient été éduqués.
C'est rarement le cas : bien des parents, dans tous les milieux, se conduisent à l'égard des enseignants comme des voyous. Depuis que L. Jospin les a inclus dans « la communauté éducative » et leur a donné des pouvoirs exorbitants, celui de s'opposer par exemple au redoublement, ils s'imaginent qu'à l'intérieur même de l'école, dont ils ignorent généralement les règles de fonctionnement, ils ont tous les droits. Et, notamment, de faire la loi aux enseignants, qu'ils méprisent.
Ainsi en voit-on tous les jours, surtout à l'école élémentaire, qui entrent en classe sans y être invités, critiquent vertement l'enseignante, lui reprochent une punition, une mauvaise note, exigent que la sanction soit annulée, la note relevée, et pour peu que l'enseignante explique et justifie son comportement, se fâchent tout rouge, crient, injurient, donnent une gifle, des coups, saisissent l'inspection académique…
La plupart du temps, l'inspection, loin de les remettre à leur place, leur donne raison et ne défend pas son personnel. De

très nombreux témoignages évoquent ainsi le calvaire quotidien de la majorité des enseignants[8].

Se conduisant comme des rustres, incapables de donner à leurs enfants l'exemple du respect d'autrui et de la loi, les parents fabriquent des « sauvageons » - les fripouilles de demain.

Se voulant « modernes », convaincus que tout interdit est frustrant et toute frustration pénalisante, craignant de « traumatiser » leur rejeton et soucieux qu'il « s'épanouisse » comme les géraniums de leur balcon, ils laissent faire la « nature » et ne s'aperçoivent pas que cette « nature » fait de leur rejeton un petit monstre.

A ce point que déjà dans bien des écoles élémentaires, sans parler naturellement des collèges et des lycées, des gamins de cours préparatoire rendent impossible tout enseignement : criant, jetant leurs cartables à travers la classe comme un ballon de rugby, sautant sur les tables et se moquant comme d'une guigne des rappels à l'ordre du maître ou de la maîtresse, ils font de leur classe une pétaudière.

Depuis que l'école s'est « ouverte sur la vie », tous les ingrédients de la vie quotidienne – portables, drogue, fric, couteaux, sans oublier les extorsions de fonds, le chantage, les viols dans les toilettes... - y sont entrés. Dès l'école, l'enfant s'exerce à frapper, voler, dénoncer, injurier – ses congénères comme l'enseignante, qu'il couvre d'obscénités – *ta gueule pouffiasse, va t'faire enculer...* - en toute impunité.

Personne ne proteste, car tous ont peur. Ou s'en moquent. Et cherchent même une excuse à un comportement qui, *après tout*, n'est pas si déplacé : « Bah, ce n'est pas si grave, dit un principal à une enseignante, qu'un élève de 8 ans vient de traiter de *sale gonzesse* : c'est de leur âge, non ? »

---

[8] Cf. par exemple, le dossier de *Marianne* sur « La tyrannie des parents d'élèves », 19 septembre 2009. Cf. également *Maternelles à la dérive,* de France Doppia, Fayard, 2006.

Loin d'être un sanctuaire, l'école est devenue l'école de la voyouterie nationale, où s'acquièrent les règles et les codes des comportements usuels : cynisme, grossièreté, agressivité, lâcheté…

On parle souvent des « jeunes » comme s'ils constituaient un groupe à part – celui de toutes les « incivilités », de tous les dangers. Le groupe voyous, face à celui des adultes, policés.

Grotesque dichotomie : les jeunes sont à l'image des adultes qui les forment, déforment et leur donnent l'exemple d'une existence sans foi ni loi, sinon celle de leur bon plaisir.

S'il y a « démission », elle est générale. Personne n'apprend à l'enfant, parce que la plupart l'ignorent, qu'on vit dans une société où il y a de l'autre. Que cet autre est un autre soi-même, et qu'il se respecte.

Ceux qui se gargarisent de « respect » sont les premiers à en manquer. Ceux qui dénoncent les voyous sont ceux-là mêmes qui les fabriquent et se comportent comme des voyous.

Voyou, l'Etat qui planifie la misère, privilégie les riches, saigne à mort les pauvres, brade des acquis sociaux chèrement payés, condamne les jeunes au chômage, les vieux à l'hospice et la majorité à la mal-vie, les détenus au suicide ou à la folie, place en rétention des bébés de 4 mois, sépare des couples et réexpédie dans leurs douars d'origine des étrangers frappés, ficelés, bâillonnés ou chloroformés.

Voyous, tous ces hommes politiques qui vivent de ce système et le font vivre, s'enkystent dans leur poste, multiplient leurs responsabilités et n'en exercent réellement aucune, s'octroient des salaires exorbitants, foulent aux pieds ces droits de l'homme dont ils se proclament les défenseurs, mentent au peuple comme ils respirent, célèbrent la démocratie quand ils lui tordent le cou et, sous prétexte de « rupture », font de la République une République bananière.

Voyous, ces entrepreneurs qui, la nuit, évacuent clandestinement le matériel de leur usine, ces industriels qui, pour sauver leurs sources de revenus, jettent à la rue des milliers de travailleurs et baptisent « plan social » un plan d'extermination.

Voyous, ces PDG responsables de faillites qui reçoivent des millions d'euros à leur retraite, quand d'honnêtes travailleurs font la queue devant les restos du cœur et couchent sous les ponts.

Voyous, ces journalistes complaisants qui lèchent les mocassins du Prince, acceptent sans réagir, lors d'une interview, ses contre-vérités (tels ces deux représentants de TF1 et France 2 qui sagement, et même l'air approbatif, prenaient des notes tandis que le Maître pérorait), voyous, ces journalistes qui occultent les scandales, escamotent les chiffres qui dérangent, flattent le voyeurisme du public et, pour l'allécher, mettent à la *une* des journaux télévisés l'enlèvement d'une gamine, le viol d'une autre, le suicide d'un policier, la crise de folie d'un excité qui tire sur les passants...

Oui, qui n'est pas voyou dans ce pays ? Grands ou petits, « importants » ou sans galons, la plupart sont quasiment à l'état de nature, à la merci de leurs instincts, de leur avidité, de leur cupidité, comme d'un mouvement d'humeur contre un citoyen qui ne courbe pas l'échine (« Casse-toi, pauv'con ! ») ou d'une colère contre la « racaille » des cités, qu'il faut « nettoyer au karcher ».

Cravatés et costumés ou en jeans troués, médaillés ou le casier judiciaire chargé, presque tous invoquent les « circonstances », le « contexte international » ou la violence d'une « pulsion » quand la réalité démontre l'inanité de leurs promesses, met à nu leurs mensonges ou la bassesse de leur comportement, qu'ils aient volé l'argent des citoyens, pillé les réserves d'une banque, kidnappé un enfant, violé une passante ou assommé un agent de la SNCF.

Ils font comme ils sentent, sans retenue, sans la moindre gêne, sans aucune pudeur, qu'ils abusent de leur fonction, favorisent les copains, disqualifient leurs adversaires ou cultivent leurs tics au lieu de les soigner. Indifférents aux autres, mais amoureux d'eux-mêmes, ils « s'épanouissent » sans la moindre gêne.

Ils réagissent comme Athos, le beau chien berger d'une amie : tout heureux de partir en promenade, il ignora longtemps les voitures, prit la chaussée pour un champ de courses jusqu'au jour où un camion le renversa. Depuis il a compris et s'adapte aux conditions de la circulation : il s'est policé.

Membres de l' « élite » ou citoyens *lambda* n'en sont pas encore à ce stade : ignorant les règles de la cité, les contournant ou les méprisant, ils vivent en barbarie.

Barbarie générale, tous grades confondus, du haut en bas de l'échelle sociale, dans tous les lieux et dans tous les domaines : aussi bien sur les trottoirs, les quais du métro – il y a quelques années, une brute viola une femme à 18 heures, à la station Châtelet, sans que personne n'intervînt -, dans une file d'attente, un magasin, sur la route, comme dans l'administration et aux échelons supérieurs de l'Etat. Où les autres, quels qu'ils soient, n'existent que de façon abstraite, purement formelle, vidés de toute substance humaine.

Cette négation de l'autre est l'une des caractéristiques fondamentales de la société française. De beaucoup d'autres, sans doute, mais il est de nombreux pays, autour de l'hexagone – Belgique, Suisse, Pays bas… - où les citoyens n'ont pas (pas encore ?) perdu toute humanité.

Ici, c'est chose faite depuis des siècles. De monarque en empereur, de président en haut de forme en président bling-bling, le pouvoir n'a que mépris pour les « gens d'en bas ». Un mépris qui diffuse dans toutes les instances de l'administration, à tous les niveaux de la hiérarchie et, par delà, contamine bon nombre de citoyens.

La surdité des guichetiers – poste, mairie, préfecture... - au problème qu'on leur expose est bien connue, chacun en a fait ou peut en faire l'expérience.

Les enseignants, surtout dans les maternelles et l'élémentaire, se heurtent chaque jour à l'arrogance de ces inspectrices qui ne veulent rien savoir des difficultés réelles du métier et, incapables de les aider, les accablent de reproches injustifiés et de diktats inacceptables.

Telle cette inspectrice qui, rendant compte d'une réunion de directeurs, prescrit aux enseignants de son secteur de taire leurs « états d'âme » – autrement dit, de supporter en silence les exactions des petits chefs et les agressions des parents, sans jamais en référer à leur syndicat : « <u>Le principe de neutralité du service public</u>, écrit-elle dans son compte-rendu, <u>interdit à tout fonctionnaire</u> <...> <u>de faire part de ses états d'âme dans des mails, avec copie à un représentant syndical</u>[9] ».

Faut-il citer encore ces parents qui injurient impunément des maîtres, les frappent, ces élèves qui se vengent d'une mauvaise note d'un coup de couteau ou de ciseaux ?

Toutes règles abolies, tous codes détruits, aucune profession n'est épargnée, que dis-je, aucune vie n'est à l'abri, et qui sort de chez soi n'est jamais sûr d'y revenir. Cette société n'est plus qu'une jungle où chacun, tantôt bourreau, tantôt victime, n'a d'autre choix que tuer ou être tué.

« Pour les autres, dit amère une enseignante, chacun de nous n'est qu'une merde. »

Je n'aime pas ce mot, ne l'emploie guère, ne l'écris jamais, mais je n'en vois pas d'autre qui exprimerait mieux notre statut. « Merde : être ou chose méprisable, sans valeur », précise le *Robert*. C'est exactement ce que nous sommes : pour les autres, qui nous ignorent, pour le pouvoir, qui nous méprise.

---

[9] C'est moi qui soiligne.

7

Métro, bus, espace public : ce qui est frappant, c'est le silence dans lequel se déploie l'hostilité de tous contre tous.

Parfois un « Pardon », un « Excusez-moi », mais le plus souvent, on se bouscule, se cogne, se gêne, sans dire un mot. « Dans un wagon de métro, un ascenseur public, j'ai l'impression d'être entourée de cadavres, dit une journaliste italienne. C'est effrayant. C'est pourquoi, quand je suis avec une amie, je n'hésite pas à parler fort, à rire, ça chasse mon malaise. Mais du coup, les autres, stupéfaits de ce qu'ils prennent pour du sans-gêne, me regardent sans aménité ».

Ici, tout est dans les gestes, l'hostilité ne se dit pas, elle se glisse dans les mouvements du corps, d'évitement ou d'attaque, inspire les mouvements de tête et le jeu des jambes, presque toujours en extension, suscite haussements d'épaules ou contorsions du buste pour accroître son espace vital. Tout est dans les positions et les attitudes, de rejet ou d'esquive, dans le regard, qui fuit dès qu'il se sent regardé, le pincement hostile des lèvres, l'agitation des doigts, qui se tordent d'impatience.

Tous les observateurs l'ont déjà noté : les Français, dans les lieux publics, ne parlent pas. Comme s'ils avaient peur de leur propre voix. Ou comme s'ils redoutaient, en se permettant une remarque polie, de recevoir une giclée d'injures.

Les échanges verbaux manquent généralement de civilité, le vernis, quand il existe, craque très vite et, sous le président, apparaît le charretier. Elyséen ou plébéien, le langage spontané se réduit à quelques éructations : « quel con ! », « connard ! », « ne m'fais pas chier », « casse-toi ou j'te bute », « enculé ! »

Le français tel qu'on le parle révèle à quel degré d'infantilisme la plupart sont restés. Tel ce « c'est chiant » qui revient à tout bout de phrase. Entre proches, c'est une vraie rengaine : *Ah, cette pluie, c'que c'est chiant !...J'ai encore trente copies à corriger, tu peux pas savoir comme c'est chiant... Y a rien à la télé ce soir, c'est chiant...*

Au sommet, même langage : exaspéré par la persistance des grèves d'universitaires et d'étudiants, le Prince ne décolère pas : « Fini le projet de décret, dit-il à ses conseillers éducation... Je me fous de ce que racontent les cons du ministère... De toute façon, (ces projets de réforme) ce n'étaient que des projets de merde ![10] »

Manifestement fixés au stade sadique-anal, la plupart, grands et petits, faibles ou puissants, barbotent dans leurs fèces et défèquent en croyant parler.

Mais savent-ils parler ? Lorsqu'ils ouvrent la bouche, ils mettent la langue au martyre. Et mon oreille au supplice.

Elevé dans une famille d'aristocrates russes qui avaient pour la langue française, qu'ils admiraient, le plus grand respect, j'ai eu la chance, gamin, d'entendre parler une langue très pure, très élégante et raffinée, d'une correction parfaite, et lorsqu'il m'arrivait d'employer des mots impropres, vulgaires ou fourre-tout (*vachement, chose, truc, machin...*), j'étais vertement tancé : « Tu parles comme un ignorant, s'écriait, indignée, ma grand-mère. La langue, c'est la principale richesse de l'homme, tu dois la respecter et la chérir. Et te réjouir d'en pratiquer deux».

Très exigeantes sur la précision des termes, la correction des phrases, la concordance des temps et la qualité de la prononciation, ma mère et ma grand-mère, qui s'en voulaient de rouler les r quand elles parlaient français, ne me laissaient rien passer : c'était l'école à la maison.

Toutes deux m'ont donné le goût du beau langage. J'admire ceux dont la parole coule sans accrocs et qui d'emblée, sans bafouiller, sans se reprendre, sans parsemer leurs propos de *heu..., bon..., pourquoi pas...j'vais vous dire...* trouvent le

---

[10] Cité par *Le Canard enchaîné,* 4 mars 2009.

mot juste. Je pense avec envie à Henri Lefèbre : l'interviewant sur le rôle de l'Etat dans la société, j'écoutai avec ravissement, pendant trois quarts d'heure, un discours fluide, dense et d'une très haute tenue.

Je ne sais si la langue se meurt ou s'abîme, si les anglicismes l'enrichissent ou l'appauvrissent, si elle y gagne quand la *complexité* le cède à la *complexification,* le *discrédit* à la *décrédibilisation,* la *question* au *questionnement* ou à la *problèmatique*, la *supplémentation* au *supplément*. Mais il est clair que ceux qui la parlent la maltraitent, l'abâtardissent, sans même s'en rendre compte.

Stimulés par le charabia du premier d'entre eux (« *Ch'ui pas l' premier... Bon enfin écoutez, ça c'est désespérant... J'vais vous dire les choses* [11] », « *Si y en a que ça les démange d'augmenter les impôts* [12] », ou encore « *On apporte aux participations les participations qu'à la Caisse, les participations qu'à l'Etat* [13]*),* ils escamotent les négations (« *c'est pas bien* »), avalent les voyelles, malmènent les conjugaisons (« *faut que j'voille, que je soille, ils se croivent...*), collent un subjonctif derrière un « après que », un indicatif après « le seul qui », disent « se rappeler *de*», confondent *régularisation* (des sans-papiers) et *naturalisation*[14]*,* se jettent comme chiens affamés sur les inventions langagières des médias ou des politiques: *la crise impacte le mode de vie, la bravitude* (S. Royal), *la supervisation, la préconisation* (Sarkozy), se gargarisent de redondances (« *au jour d'aujourd'hui* ») et ne disposent apparemment que d'un vocabulaire très réduit.

---

[11] Cf. L.J. Calvet et J.Veronis, *Les Mots de Nicolas Sarkozy,* Le Seuil.
[12] *Le Nouvel Observateur*
[13] Cité par Barbara Cassin, « Sarkozy m'à tuer », *Le Monde*, 1er-2 mars 2009
[14] Interviewé par Y Calvi, Sarkozy confond ces deux termes. « Par trois fois, Yves Calvi a demandé à Nicolas Sarkozy si une régularisation était envisageable et par ttrois fois, le Président a parlé de l'impossibilité d'une naturalisation. » (Libération, 30.04.08).

Gérer, dysfonctionnement, cellule de crise, au niveau de, se reconstruire, se ressourcer, motiver, traumatiser, se faire plaisir, sans états d'âme, super, génial, l'écriture (pour les intellectuels et assimilés) : il suffit d'une dizaine de « fondamentaux » pour dire le peu de choses qu'on peut dire.

Au final, comme ils répètent de l'un à l'autre – *in fine*, disent les précieux - il vaut mieux qu'ils se taisent.

8

La plupart ne savent pas parler parce qu'ils éprouvent la plus grande difficulté à penser. A conceptualiser. A se dégager du particulier ou du singulier. Du cas. A se libérer des stéréotypes. A s'extraire de l'émotion pour laisser place à la raison. Ils n'ont pas les mots pour donner forme à des impressions et expliciter ce qu'ils vivent. Ils sont quasiment condamnés à des interjections, des exclamations, des éructations, des soupirs, des cris. « La pensée, dit Alain, est enfermée dans le langage » : plus le langage s'appauvrit, plus la pensée devient indigente.

De cette pauvreté certains accusent les techniques modernes de communication, le primat de l'image, des SMS et des courriels, où la phonétique se moque de l'orthographe et de la grammaire. Il est certain que l'usage de ces techniques appauvrit le langage, mais la première responsable de la débilité nationale est l'école. Depuis des décennies, elle ne remplit plus sa fonction ou, plus exactement, elle a pour fonction de fabriquer des crétins.

Elle y réussit fort bien : 15% des élèves qui entrent en 6ème ne savent ni lire ni écrire, ceux qui, au collège, gribouillent vaguement ne comprennent pas, et pouffent de rire, quand on leur dit *salade, épicerie, évier*, des étudiants, en première année d'université, s'imaginent qu'un homicide est *un meurtre à domicile*, un autochtone, *quelqu'un qui aime vivre la nuit*, sporadique, *drogué du sport*, un velléitaire, un *vieux*. Et de futurs journalistes, soumis à une épreuve de dictée où il est question d' « oiseaux migrateurs censément sains » écrivent, les uns « *s'en s'aimant sein* », d'autres «*sans cémants saints* » ou encore « *sans ses mancins.*[15] »

---

[15] *Le Nouvel Observateur*, 6-12 septembre 2007.

Brouillard dans les têtes. Et de plus en plus épais : « En 2003, la France était à la 10è place pour les sciences, (...) elle recule cette année (2007) au 19è rang parmi les trente pays de l'OCDE... En mathématiques, les Français sont passés en trois ans du 13è au 17è rang... En lecture, la France a rétrogradé entre 2000 et 2006 de la 14è à la 17è place.[16] ».

Pareille débâcle n'émeut pas le Prince : une guichetière a-t-elle besoin de lire *La Princesse de Clèves* ? « Imaginez un peu le spectacle ! », s'exclame-t-il, tout content d'avoir lâché cette idiotie.

Hélas, il n'y a rien à imaginer, car personne n'a jamais donné envie à la guichetière de lire *La Princesse...* : à l'école, on ne lit guère, sinon des bandes dessinées, qu'utilisent même des manuels de philosophie (!) et, chez soi, on regarde la télé, on ne lit pas.

9 Français sur 10 ne consultent pas régulièrement la presse quotidienne, plus d'un tiers, en 2004, déclare n'avoir lu aucun livre dans l'année, et moins d'un tiers (28%) n'avoir lu qu'un seul livre. Est considéré comme « gros lecteur » celui qui lit au moins un livre par mois : là encore, moins d'un tiers de la population. Les habitudes de lecture s'acquièrent entre 8 et 12 ans, et il n'est pas étonnant – c'est l'échec de l'école - qu'aujourd'hui « lire des livres (soit) une pratique pour personnes éduquées et âgées[17] ».

On n'apprend pas les fondamentaux de la langue (grammaire, conjugaisons, construction des verbes...), on ne fait plus d'analyse logique ni grammaticale, on n'apprend plus de poèmes, on ne sait plus écrire (un candidat au bac qui fait 210 fautes dans sa dissertation de philo reçoit un 11/20), on n'étudie plus les grands auteurs, on est toujours aussi nul en langues étrangères[18], et l'on ne quitte guère son terrier

---

[16] *Le Monde*, 5 décembre 2007.
[17] Gérard Mermet, *Francoscopie 2007,* Larousse.
[18] Comme le révèle une enquête, les Français sont nuls en anglais. Plus exactement, au 25ème rang dans la liste des 43 pays européens, tout justes

pour découvrir ce qui se passe ailleurs – 1 Français sur 4 n'est jamais sorti de l'hexagone, un sortant sur deux se risque tout juste dans les pays frontaliers - : privés des principales sources d'enrichissement intellectuel, la majorité des Français se condamne à l'ignorance.

L'une des plus manifestes porte sur l'histoire et la géographie. Ils mélangent les époques, les siècles, situent Voltaire au XVIIè, Hugo au XXè et Villon nulle part, ignorent, s'ils n'ont reçu comme pitance que celle du lycée, l'existence de penseurs athées dans les époques antérieures : l'abbé Meslier, d'Holbach, Helvétius…, prennent l'Islande pour l'Irlande et ne localisent pas, ou très mal, les pays les plus proches : Autriche, Hongrie, Suède, Danemark, Lettonie, Lituanie se confondent dans leur nébuleuse mentale , sans parler du Zimbabwé…

Si l'ignorance n'était qu'absence de savoir, ce ne serait que demi-mal : on pourrait, tôt ou tard, la réduire. A condition de se rendre compte, bien sûr, qu'on ne sait rien, ou pas grand-chose.

La plupart des Français, hélas, ne s'en rend pas compte. Ils s'imaginent savoir. Dépourvus de toute modestie, suffisants, sûrs d'eux, convaincus d'être les plus intelligents, ils émettent sur tout des jugements aussi catégoriques que sans fondement. Contents d'eux-mêmes, s'imaginant qu'ils ont la science infuse, ils lâchent donc bourde sur bourde et, l'air sérieux, énoncent ânerie sur ânerie.

Inutile de fréquenter le Café du commerce pour en entendre quelques-unes. Il suffit d'écouter le Prince :

« Un chercheur français publie de 30 à 50% en moins qu'un chercheur britannique dans certains secteurs », affirme-t-il, aussi sûr de lui que s'il venait de consulter des statistiques. « Faux, répond Barbara Cassin, philologue, philosophe et directrice de recherches au CNRS. Le CNRS

---

ex aequo avec la Bulgarie, la Biélorussie et la Lettonie. Cf *Le Monde*, 26 août 2009.

est, chiffres à l'appui, au premier rang européen et au quatrième rang mondial... Mais, en matière de culture et de recherche, la qualité n'est pas une propriété émergente de la quantité[19]. »

La qualité n'est assurément pas une « propriété » des discours élyséens.

Qui ne se rappelle les énormités que le Prince, parfaitement inconscient des âneries qu'il proférait, débita à Dakar avec le plus grand sérieux devant des dirigeants, chercheurs, hommes d'affaires africains stupéfaits par tant de sottise et d'outrecuidance ?

« J'ai fait un rêve, c'est que les peuples de la Méditerranée du Nord comme du Sud soient aussi imaginatifs et courageux que les peuples d'Europe continentale... Le drame de l'Afrique, c'est que l'homme africain n'est pas assez entré dans l'histoire (…) Dans (son) imaginaire où tout recommence toujours, il n'y a de place ni pour l'aventure humaine ni pour l'idée de progrès. »

En clair : les Africains sont des « arriérés ». Et des demeurés. Comme on l'affirmait, y compris des « scientifiques » au XIXè siècle, lorsqu'on cherchait, en disséquant des cerveaux « noirs », les causes biologiques de leur « arriération ». Mais quoi, tout n'est-il pas « génétique », comme le dit encore le Prince, qui doit brûler d'envie d'examiner le cerveau d'un pédophile ?

Ignorance pathologique ? Caricature ? Même pas ! Les Sarkozy courent les rues et encombrent, par exemple, les travées de l'Assemblée nationale.

C'est une majorité de députés qui a voté la loi du 23 février 2005, dont l'article 4 exige que « les programmes scolaires reconnaissent en particulier le rôle positif de la présence française outre-mer, notamment en Afrique du Nord... » L'émoi d'un grand nombre d'historiens fut tel que l'article, finalement, fut retiré.

---

[19] *Le Monde*, 1er-2 mars 2009.

Mais que des hommes politiques français, et notamment, de nouveau, le premier d'entre eux – à l'époque, Jacques Chirac – osent célébrer « le rôle positif » de la colonisation – le « rôle positif » de la conquête d'abord, avec ses milliers d'assassinés, d' « enfumés » et de torturés, le « rôle positif » du vol des terres et de toutes les richesses du sol et du sous-sol, le « rôle positif » de l'exploitation des colonisés, privés de leur langue comme de tout droit, humiliés et offensés pendant plus d'un siècle – oui, que des responsables politiques donnent dans cette infamie est ahurissant et lamentable.

Ahurissant, car manifestement l'histoire ne leur a rien appris, ils répètent bêtement les inepties en vogue il y a deux siècles – cf. Jules Ferry et son « droit des peuples supérieurs » à civiliser les « sauvages » -, lamentable, puisque la raison dernière de cet éloge est d'ordre électoral : plus on caressera le peuple dans le sens de ses préjugés, « mieux » il votera…

9

Ce qui rend les Français insupportables, c'est moins leur ignorance que leur suffisance. Leur arrogance. Leur morgue. Enquêtes, statistiques, témoignages n'entament nullement cet indécrottable sentiment de supériorité. Quoi qu'on leur démontre, ils restent convaincus d'être en tout les meilleurs. Ou au-delà de ces insuffisances, de ces « détails », qu'au besoin ils reconnaissent, mais qui n'altèrent pas la haute opinion qu'ils ont d'eux-mêmes.

Pourquoi ? Tout simplement parce qu'ils sont français. Et de la même façon qu'aucun argument ne peut amener un raciste à modifier le jugement qu'il porte sur les Arabes – *Oui,... mais les Arabes sont des Arabes* » - aucun discours ne peut ébranler l'admiration qu'ils se portent.

<u>Français :</u> le terme n'est pas neutre, il ne désigne pas seulement une nationalité, il ne connote pas un fait en lui-même parfaitement indifférent, il signifie d'emblée une valeur. Un privilège. Une excellence. La francité est une essence, comme telle elle est invariable, inaltérable, elle échappe à toutes les péripéties, à toutes les vicissitudes de l'histoire.

A la différence des Français dont on se plait à rappeler constamment l'origine, les « vrais » Français n'en ont pas. Ils sont là de toute éternité. Incréés. Comme Dieu. On serait chauvin à moins !

Y-a-t-il expression plus sotte, plus trompeuse, que ce « Français de souche » qu'on entend constamment ? Français hors du temps, Français d'avant la France, déjà là avant Clovis, Hugues Capet, Charlemagne, et attendant de pied ferme les Maures et autres Sarrasins pour les bouter hors du royaume. Ayant bien un lointain, très lointain ancêtre, mais un ancêtre national, l'homme de Tautavel, pas Lucy l'étrangère, Lucy l'Africaine ! Purs de tout mélange. Et traversant les siècles en s'autorecréant. Sans pères ni mères. Sans origines. *De souche !*

De souche ? Quelle stupidité ! On sait depuis longtemps, depuis Darwin au moins, que toute « souche » humaine est importée. Que tout être vivant vient d'ailleurs, souvenir ou témoin d'une migration, d'une invasion... Que tout Français, et pas seulement les Maghrébins, les Antillais..., est un Français d'origine étrangère. Tel un amnésique qui ne se rappellerait pas à quelle station il est monté dans le train et proclamerait qu'il y est né, celui qui se prend pour un « vrai » Français est un Français qui a oublié ou n'a jamais su d'où il vient. Une sorte d'illuminé, qui se croit auto-engendré :

« Tous ceux qui ont observé la dynamique d'un groupe restreint, écrit le psychologue Bernard Lorreyte, ont été confrontés à l'émergence de cette illusion où le groupe se perçoit comme homogène et autosuffisant... Fantasmes de parthénogenèse, qu'illustre bien le mythe du Phénix. Remarquons au passage que cela constitue l'ingrédient fantasmatique essentiel de toute idéologie raciste : l'idée d'une pureté de la race présuppose en effet l'idée plus ou moins fantasmatique d'un auto-engendrement[20]. »

Idée folle, et qui résiste à toute argumentation. Pire : plus la réalité en souligne l'absurdité, plus elle s'affirme et se proclame. Aujourd'hui, ce n'est même plus une foi, c'est un délire.

Etre français, prétend-on, c'est un privilège, quasiment une grâce et l'on se doit d'être fier de la posséder.

On constate en effet un « retour en force du sentiment de fierté nationale ». En 1981, 82% des Français se déclaraient fiers d'être français... La situation a changé : en 2008, non seulement 90% de l'échantillon se déclarent « *fiers d'être*

---

[20] Bernard Lorreyte, « La fonction de lautre », in *Education permanente*, décembre 1982, p.82-83.

français » (dont 39% pour la seule réponse « *très fiers* »), mais ce très fort sentiment est quasi unanimement partagé[21].»

L'absurdité de cette attitude saute aux yeux, lorsqu'on demande à ces gens tout fiers d'être français de quoi, précisément, ils sont fiers et ce que *français* veut dire. Question manifestement embarrassante, qui les rend tout à coup perplexes ou stupides. Etre français, « c'est être ouvert d'esprit », « c'est une origine, des traditions », « c'est être démocrate, respecter les gens », « c'est être né en France », « c'est ne pas être confronté à des vexations inutiles [22] ». Autrement dit, comme le reconnaît l'un des interviewés, « ce n'est pas évident ».

Et pour cause : la francité est un pseudo-concept, ou un concept vide, et qu'on n'utilise que par rapport aux autres. Entre nous, nous ne sommes pas français, nous sommes des individus, des personnes. Mais face aux autres, nous voilà français. Pour nous en démarquer, nous glorifier, nous faire plaisir et faire peur. La nationalité est un concept de guerre. Un coup de clairon. Un ordre de rassemblement. De ralliement.

Et, pour l'Etat, un marquage. Exactement comme un éleveur marque au fer rouge ses moutons. Sous cet angle, être français, c'est être reconnu comme tel par la puissance publique qui, pour preuve de cette reconnaissance, nous délivre une carte d'identité. Ou nous la refuse, si la loi du jour nous condamne à la bâtardise.

Un jour donnée, un autre enlevée (cf. les juifs, « défrancisés » sur ordre de Pétain), la nationalité n'a qu'une valeur juridique. Mais elle ne possède aucune caractéristique intrinsèque, permanente, qu'on ne retrouverait pas chez un étranger. Parler français, être né en France, être démocrate, respecter les gens…, cela peut aussi bien valoir pour un non-

---

[21] Bruno Cautrès, Sciences Po, et Céline Belot, IEP de Grenoble, *Le Monde*, 25avril 2009.
[22] Enquête de *Libération*, 16 juillet é007.

Français et n'a rien de spécifique. Etre français n'exprime pas je ne sais quelle essence, c'est un accident. Qui n'est pas nécessairement « fâcheux », évidemment, mais « fortuit, accessoire, secondaire [23] »

C'est pourquoi la question qu'on pose souvent à un étranger naturalisé français – « Vous sentez-vous français ? » n'a rigoureusement aucun sens.

On peut se sentir professeur (on fait cours, on a des devoirs à corriger, des leçons à préparer...), ou journaliste (on fait des enquêtes, on rédige des papiers...), mais français ? On ne sent évidemment pas une donnée juridique, on n'éprouve pas une abstraction, on ne vit pas une généralité. Le citoyen n'est pas tout l'homme, ni le tout d'un homme, un Français est toujours beaucoup plus et autre chose qu'un Français.

Façonné par une culture particulière (il est corse, ardéchois, d'origine italienne...), porteur d'une histoire singulière, participant à toutes sortes d'activités qui le personnalisent et le valorisent (il est ingénieur, architecte, artisan, il écrit, il peint...), comment pourrait-il se reconnaître dans une identité aussi impersonnelle, aussi molle et floue que l'identité nationale, et se sentir français ?

Ceux qui « se sentent » français et s'imaginent être quelque chose parce qu'ils sont français révèlent, par cette sorte de crispation identitaire, qu'ils n'ont rien d'autre – rien de gratifiant – à quoi se raccrocher. Tels ces hommes fiers de leur virilité et qui, faute d'avoir du bien, un titre, un talent, se rabattent sur le peu qu'ils ont : un appendice, ceux qui se vantent d'être français disent par là même leurs manques, leurs frustrations, leur misère existentielle.

Il est évident que la célébration actuelle et forcenée de l'identité nationale a entre autres pour fonction de donner aux citoyens quelques compensations imaginaires. De leur faire accepter d'être de plus en plus misérables, taxés, exploités et méprisés, condamnés à pointer à l'ANPE et, dès la

---

[23] *Le Petit Robert*, 2007.

cinquantaine, à croupir dans les poubelles de la société. Oui, mais ils sont français !

L'identité nationale : une drogue pour faire oublier aux citoyens leurs malheurs et les braquer contre ceux qui, paraît-il, nous menacent dans notre être même : les étrangers.

10

Il est des fous qui ne dérangent pas, et tel pensionnaire de Sainte-Anne qui se prend pour Napoléon ne gêne personne. Mais tout se gâterait, probablement, s'il se mettait à traiter ses compagnons d'infortune de nullards, les injuriait et leur clamait à longueur de temps son mépris.

Ce que font les Français.

Non seulement ils clament *urbi et orbi* qu'ils sont les meilleurs, les plus cultivés, les plus grands penseurs, les défenseurs les plus acharnés des droits de l'homme, les meilleurs cuisiniers et les meilleurs baiseurs, que leurs parfums tournent la tête de toutes les femmes et leurs femmes celle de tous les hommes, que les Champs-Elysées sont « la plus belle avenue du monde » et Paris, « ville lumière », sa « capitale », non seulement ils bombent le torse, se vantent, se flattent, s'admirent à en perdre toute raison, mais encore – et c'est par là qu'ils sont odieux – ils ne cessent d'écraser les autres de leur mépris.

Aucun peuple n'échappe à leurs sarcasmes et leurs condamnations sont sans appel : les Belges sont « bêtes » (cf. leurs « histoires »), les Suisses aussi « lourds » que les coffres-forts de leurs banques, les Allemands « orgueilleux » (« L'Allemagne au-dessus de tout » chantaient-ils), les Italiens sont « superficiels », les Polonais des « ivrognes », les Russes des « rustres » (« Tout le monde en Europe nous regarde avec condescendance. *Grattez le Russe,* disent-ils, *et vous trouvez le tatar.* Dostoïevski), les Anglais ne parlent qu'anglais, les Africains sont de « grands enfants » qui ne sont pas encore « entrés dans l'histoire » et les Arabes, comme les Roms, ont tous les vices : ils ne savent pas travailler (« travail d'Arabe », disaient les colons, tout en s'enrichissant de ce travail), ils sont faux, jouent du couteau, volent, violent…

Chauvinisme général, d'où découlent xénophobie et racisme. Ces deux attitudes, en principe, se distinguent – la première désigne l' « hostilité à l'étranger, à tout ce qui vient de l'étranger », la seconde, « l'hostilité systématique contre un groupe social [24] ». Mais dans la pratique, la différence, si elle existe, est minime : l'hostilité, dans les deux cas, conduit à rejeter ce qui n'est pas comme soi.

Vieille habitude : déjà Montaigne critiquait la « curiosité » de ses compatriotes qui, lorsqu'arrivait à Bordeaux un paquebot chargé de Noirs, couraient au port pour voir, toucher : *était-ce bien des êtres humains ?* Et Montesquieu se gaussait de tous ces gens qui se demandaient comment on pouvait être persan.

Loin de s'atténuer, à une époque que l'on dit de communication, d'échanges, d'élargissement des contacts entre les hommes, ce rejet de l'autre n'est que l'extension à des personnes ou des groupes différents d'un rejet déjà à l'œuvre dans les rapports que l'on entretient avec ses semblables.

Il n'y a pas si longtemps, certaines professions, certains quartiers d'une ville n'étaient accessibles qu'aux membres d'une même région, d'un même « pays » : Bretagne, Ardèche, Aveyron...

J'ai connu, dans ma jeunesse, deux villages, en Charente-Maritime, que séparait une dizaine de kilomètres : leurs habitants se détestaient, et lorsqu'une fille de l'un de ces villages se mariait avec un « étranger » (un habitant de l'autre village), c'était pour les deux communautés un scandale : « Y a donc pas d'hommes bien chez nous ? », grondaient les uns, « Qu'est-ce qu'elle vient faire chez nous, cette voleuse d'hommes ? », protestaient les autres. Mis au banc de leurs groupes, les jeunes mariés s'installaient généralement dans une ville de la région, où ils redevenaient anonymes.

---

[24] *Le petit Robert*, 2007.

Rien n'est plus étranger à la mentalité française que l'ouverture à l'autre, la bienveillance à son égard, l'écoute et le sourire.

Touristes, journalistes, écrivains, réfugiés politiques..., tous dénoncent l'indifférence des Français, cette carapace qu'ils revêtent dès qu'ils sortent de chez eux :

« J'étais habillé de façon bizarre, mais personne ne faisait attention à moi, constate Ilya Ehrenbourg. Dès les premières heures, je compris que dans Paris on pouvait vivre sans se faire remarquer : personne ne s'intéressait à vous [25]»

« Dans l'immense mer qu'est Paris, chacun vit dans une île, chacun est à soi-même une île », dit une Allemande, Martha Marquard[26].

« Les Français sont les gens les moins hospitaliers du monde », estime Dos Passos [27]. « Cette société est fermée et provincialiste, ajoute Guy Hocquenghem, chacun déteste son voisin. »

Tous les étrangers le déplorent : la plupart des Français ne sont pas aimables, ils n'éprouvent les uns pour les autres aucune sympathie particulière, il suffit d'un rien – un geste maladroit, un regard légèrement appuyé – pour que leur agressivité explose.

C'est pourquoi même une promenade en ville n'est pas agréable. Ne détend pas. Même si personne ne vous bouscule : comme les mauvaises odeurs, l'agressivité est dans l'air, elle imprègne toute chose – les regards, la démarche – et il n'est guère possible de se laisser aller. A la différence de la Belgique : le long du front de mer d'Ostende, il y a foule le week-end, mais une foule paisible, pacifique. Loin de s'esquiver, les promeneurs vous donnent volontiers un renseignement, on les sent bienveillants.

---

[25] Cité par Ralph Schor, *L'opinion française et les étrangers*, Publications de la Sorbonne, 1985.
[26] *Ibid.*
[27] *Ibid.*

Alors qu'en France... L'accueil dans un magasin, par exemple, est rarement aimable, et le visage du commerçant se ferme dès qu'il sent que l'on n'achètera rien. L'une des libraires de mon quartier, tout sourire à l'entrée d'un client, ne supporte pas qu'il déambule trop longtemps entre les rayons, parcoure un livre, le repose, et, agacée, lui demande si elle peut l'aider. Refuse-t-il, elle lui tourne ostensiblement le dos et, quand il sort, ne répond pas à son salut.

Quelle différence avec les commerçants autrichiens ! On peut essayer trois ou quatre chandails, cinq ou six jeans, ne rien acheter, sans provoquer la moindre hostilité. Et, toujours avec le sourire, on vous remercie, quand vous sortez, d'être venu.

Bien que vivant en France depuis des années, de nombreux étrangers ne s'habituent pas à l'hostilité, larvée ou déclarée, qui imprègne si souvent les rapports entre individus :

« Je suis toujours choquée, dit Rosa, une sociologue chilienne installée en France depuis une dizaine d'années, par l'agressivité qui sous-tend la plupart des rapports entre les gens, par cette facilité avec laquelle on « marche » sur les autres ou les écrase, par cette désinvolture avec laquelle on se met en avant. Comme je suis stupéfaite par la rigidité des structures hiérarchiques, que la plupart intériorisent très bien : chacun ambitionne de devenir un petit chef ; dès qu'il y parvient, il se croit un grand chef et se montre odieux...

« Mon éducation m'a donné une autre mentalité : les autres ne sont pas pour moi des ennemis ou des rivaux. On me dit souvent que je suis trop gentille. »

On ne risque pas de le dire des Français. Froids, méfiants, l'air généralement fermé, sinon hostile, plus crispés que détendus, peu loquaces et apparemment frappés de surdité, bref, barricadés dans leur ego, par quel miracle accueilleraient-ils avec un bon sourire des gens dont ils ne comprennent pas le plus souvent la langue et ne connaissent pas les mœurs, puisque la plupart se terrent dans l'hexagone ?

11

Une minorité voyage, sans doute : 16% en moyenne se risquent, pendant les vacances, dans des pays étrangers. C'est plus qu'avant, mais moins qu'ailleurs : près de 60% des Allemands, des Belges, des Hollandais passent leurs congés hors de chez eux[28].

Je ne sais si les voyages forment la jeunesse, je ne suis pas sûr du tout qu'ils libèrent les Français de leurs idées préconçues et modifient profondément le regard qu'ils portent sur les étrangers. Les catégories mentales à l'aide desquelles nous percevons le monde ne se transforment pas au passage d'une frontière et il en est de ses préjugés comme de la myopie : où que nous soyons, nous les gardons. Et ne voyons rien de ce qui pourtant crève les yeux.

Certes, les touristes voient du pays – ils « font » l'Espagne ou le Maroc, comme ils disent, en rapportent films et photos et, au retour, sont intarissables sur les lieux «super » qu'ils ont vus. Il leur arrive aussi de s'émerveiller de l'hospitalité des « gens » qui, sans les connaître, les invitent sous leur tente et leur offrent un tajine ou un couscous.

Mais, outre qu'à leur retour la plupart n'inviteront pas chez eux les compatriotes de ceux qui les ont reçus, et que cet exemple d'hospitalité n'aura nullement diminué leur méfiance à l'égard des étrangers, il semble que, le plus souvent, ces voyages aient pour principal effet de conforter leur sentiment de supériorité. Leur suffisance. Leur imperméabilité à d'autres cultures. Et même, qu'ils les rendent idiots : ce qui, chez eux, leur paraîtrait triste, malheureux ou scandaleux, devient à l'étranger « pittoresque ».

---

[28] G.Mermet, *Francoscopie 2007*, Larouse

Le « pittoresque » englobe tout ce qui dans leur pays les choquerait. « Pittoresques », par exemple, ces gamines qui marchent pieds nus sur des pistes caillouteuses, « pittoresques », ces hommes qui trônent sur leur âne, suivis par des femmes qui marchent courbées sous le poids des fagots, « pittoresques » ces gamines, toujours elles, qui reviennent du puits, une lourde jarre d'eau sur la tête, ou celles, dès 6-7 ans, qui tissent des tapis « avec quelle habileté, ah, si vous les aviez vues ! », « pittoresques », ces mariages auxquels ils ont été invités, « superbe », l'épouse à peine pubère d'un vieux barbon...

« Pittoresque », également, le ramadan, dont on annonce à la télé et à la radio le commencement, puis la fin – alors qu'on n'annonce jamais le début du carême. Respect des musulmans, marque d'intérêt pour leur religion ? J'en doute.

Et bon nombre d'entre eux savent pertinemment qu'il n'en est rien. A un touriste qui lui demande : « C'est quand le ramadan cette année ? », Hassan, l'un des serveurs d'un restaurant de Rabat, lui répond : « Je n'en sais rien ». Manifestant, par cette froideur, qu'il n'appréciait pas du tout que ce qui avait pour lui un sens religieux soit perçu par des étrangers comme une simple curiosité.

La perception du monde comme « pittoresque » a pour fonction de désamorcer toute incompréhension, toute gêne, toute critique, et, par là même, de ne pas gâcher le plaisir du voyage. Le pays qu'on visite perd du coup toute signification, le « pittoresque » fait de la vie des autres un spectacle « curieux », et de ces autres des espèces de Martiens. C'est une façon de s'aveugler, peut-être même de se disculper : pourquoi se sentir concerné, si ces mœurs si « pittoresques » font partie de leur « culture » ?

Certains sont même tellement séduits qu'ils n'hésitent pas à se promener en djellaba, une chéchia sur la tête et des babouches aux pieds – sans s'imaginer un seul instant qu'en faisant d'une tenue traditionnelle un déguisement, ils la disqualifient, froissent ceux qui la portent, et se ridiculisent.

    Leur façon, «amusée», faussement « bienveillante », de juger les mœurs de leurs hôtes a cependant ses limites. Peu à peu, au fil des jours, des critiques se font entendre, de plus en plus hargneuses, et le « pittoresque » le cède à l'insupportable – ces gosses, par exemple, qui les poursuivent et leur réclament une pièce, ces porteurs d'eau qui refusent de se laisser photographier gratuitement, ces mouches qui les assaillent, ces chauffeurs qui conduisent n'importe comment et surtout, cette cuisine qui, dans certains pays, les rebute.

    Il y a quelques années, en Chine, un touriste, à notre table, fut pris d'une violente colère contre ces « rustres » qui, en guise de petit-déjeuner, nous servirent une soupe, du poulet, du riz et du thé. L'homme voulait son café, son croissant, sa baguette, son beurre de Normandie. Mais pourquoi donc était-il venu en Chine, s'il était si bien dans son bocage ? Cette question le rendit encore plus furieux : « Mais c'est aux Chinois, voyons, de respecter nos usages ! »

    Manger français et, si l'occasion se présente, s'acoquiner avec les compatriotes qu'on rencontre au hasard d'une promenade : on n'est jamais aussi bien qu'entre soi.

    Un jour, nous dinions dans une auberge espagnole où s'étaient arrêtés quelques routiers. Deux femmes entrèrent. Et, du regard, cherchèrent une table à l'écart des Espagnols, qu'elles laissaient pourtant indifférents. Apercevant notre *Guide bleu*, elles accoururent, nous demandèrent, sans attendre la réponse, si elles pouvaient s'asseoir et, après avoir commandé le menu, « infect, évidemment », nous demandèrent d'où nous venions. « De Séville ». « Mais non, en France ? » Apprenant que nous étions parisiens, elles se réjouirent : elles étaient de Créteil. « Comme c'est sympathique de se retrouver ! Vous connaissez Créteil ? »

    Créteil en Andalousie !

Montaigne : « Où qu'ils aillent, ils se tiennent à leurs façons et abominent les étrangères. »

12

Excepté de rares penseurs – Montaigne, Montesquieu – la plupart des intellectuels, dans les siècles passés, affichent les préjugés les plus stupides à l'endroit des étrangers et en particulier des Arabes. Tristan Todorov en donne maints exemples dans *Nous et les autres*[29] : les citations qui suivent sont empruntées à son ouvrage.

Pour la majorité des « penseurs » des siècles passés (je mets « penseurs » entre guillemets, car lorsqu'ils parlent des non Européens, ils ne pensent pas, ils éructent les grossièretés les plus énormes), la « race » blanche est de toutes la plus intelligente, la plus belle. Personne n'en doute, personne ne tente de justifier cette hiérarchie : la supériorité blanche, qui est « immense » (Gobineau), est une évidence.

Les autres « races » présentent toutes des défauts : la laideur caractérise les Asiatiques, qui ont « de petits yeux de cochons » (Buffon) et ressemblent à « un vieil enfant ratatiné » (Renan). Les « nègres » - très peu disent les « Noirs » - sont encore plus laids : Voltaire – même Voltaire ! – doute de leur pleine appartenance à l'espèce humaine : « Il n'est pas improbable que dans les pays chauds, des singes aient subjugué des filles » et, si quelques-uns voient en eux « les champions du sentiment » (A.Comte) et de la sensualité - « Animées de désirs fiévreux, les femmes noires se livraient à des attouchements obscènes devant les cadavres, … elles violaient ces morts avec une bouffonnerie macabre » (Pierre Loti) -, tous les jugent mentalement inférieurs : « Chez les noirs, les facultés pensantes sont médiocres ou même nulles » (Gobineau), « Leur éternelle enfance n'est pas perfectible » (Renan), « On fait aisément un bachelier ou un avocat d'un nègre ou d'un Japonais, mais on

---

[29] Le Seuil, 1989.

ne lui donne qu'un simple vernis tout à fait superficiel, sans action sur sa constitution mentale, (*sans modifier*) tout ce qui découle de son infériorité » (Le Bon). Autrement dit, « la raison (est) une faculté européenne » (Artaud).

Les Arabes, comme les Noirs, ne méritent que mépris : « Ils vivent sans règle, sans police et presque sans société (...) Ils n'ont qu'un petit nombre d'idées (...) Ils sont tous également grossiers, superstitieux, stupides (...) Tous ces sauvages ont l'air rêveur, quoiqu'ils ne pensent à rien » (Buffon). Chateaubriand veut bien reconnaître qu'ils furent « civilisés », mais ajoute qu' « ils sont retombés à l'état sauvage »[30]. Lamartine décrète que chez eux « tout homme crédule ou fanatique peut devenir prophète, et Flaubert, que l'Orient n'est qu' « un lieu de débauche et de perdition [31] »

On pourrait continuer : tout au long des siècles s'exprime, chez les intellectuels et les écrivains, comme chez les autres, la suffisance de l'homme blanc. Son mépris des autres peuples. Du pape Urbain II, qui en 1095 appelle l'Occident à se croiser contre « un peuple cruel, méprisable, tyrannique, l'esclave des démons » à Oriana Fallaci et Alain Finkielkraut, son supporter[32], de Giscard d'Estaing à Le Pen et Brice Hortefeux, la liste est longue, très longue, de tous ceux, en France, hommes politiques, journalistes, écrivains, qui ont laissé percer ou éclater leur haine des Arabes, qu'ils appellent aussi bien - pour eux, c'est pareil - des musulmans[33].

Ces musulmans, répètent-ils, menacent l'identité de la France. Ce qui est à la fois un mensonge et une sottise. Et

---

[30] Cité par Edward Saïd, *L'Orientalisme,* Le Seuil, 1980.
[31] I*bid*.
[32] Du livre ordurier de cette Italienne, pour qui « Les Arabes se multiplient comme des rats », A. Finkielkraut déclare qu'il nous oblige à « regarder la réalité en face ». Pour ce sinistre pseudo-penseur, tout ce qui est anti-arabe est bon à prendre.
[33] Faut-il rappeler qu' »arabe » et « musulman » ne sont pas synonymes : on peut être musulman sans être arabe (Kosovo, Indonésie...) et arabe sans être musulman (de nombreux Libanais).

l'on ne peut qu'admirer la patience de ces milliers de musulmans condamnés, pendant des décennies, à prier dans des caves ou des hangars, sans jamais se révolter contre un pays qui ne sait quoi inventer pour les humilier – aucune reconnaissance pour les anciens combattants algériens de l'armée française, retraites misérables, jusqu'à la projection du film *Indigènes*, qui émut l'ancien président de la République[34], relégation dans des cités insalubres, comme autrefois les pestiférés, discriminations de toutes sortes, qu'on habite le 93 ou qu'on soit un journaliste du *Monde* [35].

Par une grotesque inversion des rôles, bien des Français ont peur des musulmans, quand ce sont les musulmans, chaque jour, qui subissent le racisme le plus dur, reçoivent des coups, se heurtent à des portes fermées, se font injurier, expulser.

Ou encore, photographier de dos quand ils prient, autrement dit, les fesses en l'air. Photographie-t-on des catholiques la bouche grande ouverte pour recevoir l'hostie ? On les prend généralement à genoux, l'air grave, puis debout quand ils quittent l'autel, jamais dans la position du malade qui fait *aaaaaa...* devant le médecin.

L'islam lui-même ne cesse d'être diffamé : il incite les croyants, répètent des sots qui n'ont jamais lu le Coran, au fanatisme. Fanatiques, tous ces musulmans qui, en France, vivent paisiblement leur foi ? Bien que ceux qui le prétendent soient incapables d'en citer un seul exemple, ce préjugé a la vie dure : compte-tenu de l'ignorance de la plupart des gens, des préjugés qui les ravagent et d'une suffisance occidentale toujours prête à se manifester, le discours anti-musulman porte.

---

[34] Il est effarant que, depuis la fin de la guerre – 65 ans – aucun homme politique français ne se soit indigné que des Algériens, qui s'étaient battus contre les Allemands au même titre que les Français, ne reçoivent, la victoire venue, que des miettes.
[35] Cf. le témoignage de Mustapha Kessous, *Le Monde*, 09/09/

Dans un ouvrage remarquable, *L'islam imaginaire, la construction médiatique de l'islamophobie en France, 1975-2005*[36], Thomas Deltombe, qui s'est plongé dans les archives de la télévision, de la radio et de la presse écrite, démontre comment le regard des journalistes, le plus souvent ignorants, aveugles ou perclus de clichés, a construit l'image de l'islam qui prédomine en France.

« Croyant décrire l'islam tel qu'il est, nombre de journalistes en choisissent la version qui correspond le mieux à l'idée qu'ils s'en font eux-mêmes » : une religion considérée comme « folklorique » dans les années 70, une religion qui aujourd'hui prônerait la violence, pousserait au terrorisme et mettrait en danger démocratie et laïcité.

Mais où a-t-on vu que la religion des « indigènes » de la République soit un danger pour le « pays des droits de l'homme », alors qu'en réalité, ce sont les lois et les usages de ce pays qui non seulement les menacent, mais les maltraitent ?

L'esprit des croisades souffle de nouveau sur la France et, face à l'épouvantail qu'on agite devant eux – islam=violence=terrorisme – beaucoup se rappellent qu'ils sont ou ont été chrétiens et protestent contre la construction de mosquées…

La France va-t-elle se couvrir de mosquées ? Evidemment pas ! Mais pourquoi pas, ici et là, quelques beaux minarets blancs comme au Maghreb ou, comme en Turquie, fins et élancés telles des flèches, qui mettraient un peu de variété dans le paysage ? Et, nous rappelant les mosquées de Cordoue, de Grenade ou la Koutoubia de Marrakech, enrichiraient le champ de notre imaginaire ?

Mais surtout, ou d'abord, pourquoi les fidèles de la deuxième religion de France seraient-ils obligés de prier dans des garages, des soupentes ou sur le macadam, parmi des crottes de chiens ou des débris de bouteilles ?

---

[36] La Découverte, Paris.

Plaidoyer inutile : s'opposer à la construction de mosquées, c'est rejeter symboliquement les musulmans de la communauté nationale ou ne les accepter, faute de mieux, qu'invisibles. L'objection esthétique (« *Une mosquée ne s'intègre pas dans le paysage, elle choque* ») l'invocation des traditions (*la France, fille aînée de l'Eglise*) ne sont que prétextes : qui ne veut pas de mosquées en France ne veut pas de musulmans dans ce pays.

Racisme ? Que non, objectent ces pourfendeurs de mosquées, mais défense de la démocratie ! *La République peut-elle assimiler l'islam, L'islam est-il compatible avec la démocratie ?* demandent-ils, faussement naïfs.

Considérées en elles-mêmes, dans la vision du monde qu'elles proposent et l'ordre social qu'elles postulent, il est évident que les grandes religions monothéistes sont totalitaires, qu'elles n'admettent aucune contestation, et, faisant fi de la liberté des hommes, tentent de régenter leur existence et leur gouvernance.

Ainsi fit l'Eglise catholique pendant des siècles, qui imposa aux peuples d'Europe, par l'épée, la guerre, la torture et les bûchers, la mise à mort des « infidèles », le massacre des « hérétiques » et des « schismatiques », la dictature la plus sanglante, la plus féroce.

Mais qui prétendra qu'aujourd'hui elle met en péril la démocratie ? Certes, elle professe toujours les mêmes exigences – elle interdit l'avortement, la contraception, l'euthanasie, condamne l'union libre, l'homosexualité, les mariages homosexuels, astreint les femmes à n'être que les servantes des hommes, associe féminité et maternité… - elle est toujours aussi mortifère, mais qui l'écoute ? Elle n'a plus les moyens d'imposer ses préceptes, et beaucoup de prêtres font preuve d'intelligence, voire d'indépendance – mariés, ils poursuivent leur sacerdoce, avec l'accord de leurs paroissiens.

En d'autres termes, l'Eglise catholique s'est adaptée et, si elle s'efforce toujours de régenter la vie de ses ouailles, qui écoutent beaucoup plus leurs désirs que les encycliques du Vatican, elle ne menace plus la démocratie.

L'islam de France, lui, ne l'a jamais menacée. Intolérant et liberticide dans les pays où sévit la dictature la plus dure et dont les dirigeants agitent la peur d'Allah pour mieux dominer leurs peuples, il se montre respectueux des systèmes politiques qui fonctionnent sans le secours d'une religion, il ne remet nullement en cause leur laïcité et laisse les fidèles se conduire comme ils l'entendent.

Si, sur l'autre bord de la Méditerranée, on poursuit ceux qui se proclament athées et jette en prison ceux qui n'observent pas le ramadan, rien de tel ne se manifeste dans les pays d'Europe. Où aucun ayatollah n'excommunie du haut de sa chaire ceux qui ne pratiquent pas ou pratiquent à l'occasion. Si la pression des familles et du voisinage limite encore la liberté d'un grand nombre de « musulmanes », l'islam, tel qu'il se manifeste en Europe, condamne toutes ces atteintes à la dignité et à la liberté des personnes (mariages forcés, excision, crimes d' « honneur »…)

Comme l'écrit l'essayiste et première féministe algérienne Fadéla M'Rabet, « la force ou la faiblesse d'une idéologie, son poids ou son insignifiance dans la vie sociale, l'influence qu'elle exerce ou n'exerce pas sur la vie des uns et des autres ne dépend pas de cette idéologie. Elle tire d'ailleurs sa force ou sa faiblesse…

« Se soumettre ou se démettre, s'adapter ou disparaître, c'est le choix qu'à un moment ou à un autre toute idéologie doit faire. Il n'y a pas de raison que l'islam échappe à cette loi.

« Cette adaptation sera lente – des mentalités figées depuis des siècles ne s'assouplissent pas en quelques années – mais elle est inévitable : pour la majorité des musulmans qui vivent en France, l'islam ne se comprend déjà plus, ne se pratique plus comme il se comprend encore et se pratique en Arabie saoudite... Persistance ici et là de mentalités d'arrière-garde, développement chez d'autres de modes de vie modernes : dans les deux cas, l'islam est hors de cause. Une religion n'est jamais responsable, à elle seule, du sens que les croyants lui donnent [37] ».

Propos de bon sens, mais combien de Français peuvent les entendre, les intégrer dans le regard qu'ils portent sur l'islam ? S'imagine-t-on qu'ils ont compris, il suffit d'une remarque, ou d'une question en apparence anodine – sur le voile, le jeûne, la circoncision – pour s'apercevoir qu'il n'en est rien et que les préjugés demeurent.

Pourquoi s'en étonner ? La non-compréhension de l'islam n'est pas d'ordre intellectuel, elle résulte d'un blocage névrotique, qui empêche de voir, de comprendre, de s'ouvrir à l'autre.

L'islam est l'abcès de fixation de la névrose hexagonale.

Névrose obsessionnelle, avec toutes les caractéristiques décrites par Freud : idées obsédantes (les thèmes de l'invasion de la France, de l'insécurité, de l'identité menacée reviennent continuellement), rumination mentale qui provoque une véritable inhibition de la pensée (aucun discours, si rationnel soit-il, aucun chiffre, si prouvé soit-il, n'ébranle la conviction du névrosé, que sa phobie aveugle totalement), besoin irrépressible de formuler certains propos (lapsus, injures racistes, emploi d'un vocabulaire animalier, ordurier/excrémentiel : « vermine », « déchets », « dépotoir »), compulsion à commettre certains actes pour conjurer son angoisse (graffitis, ratonnades...), rites magiques (expulsions, réforme d'un code), qui rassurent, permettent éventuellement de gagner des électeurs, mais laissent intact le noyau de la névrose, puisqu'on s'attaque à ceux qui la déclenchent

---

[37] Fadéla M'Rabet, *Alger, un théâtre de revenants*, Riveneuve éditions, Paris, 2010.

apparemment, les Musulmans, au lieu d'analyser ce qui, dans l'inconscient collectif, la provoque et l'entretient.

Oui, des croisés d'hier à ceux d'aujourd'hui, de Clovis à Hortefeux et Besson, cela fait mille ans que la société française se complaît à se faire peur, que son système de représentations inconscientes est profondément perturbé – un diable y rôde en permanence : l'Arabe -, que son comportement à l'égard de ces Arabes constitue autant de symptômes de son déséquilibre, que son discours et ses pratiques, loin d'essayer de maîtriser ces pulsions, se mettent à leur service. Sur le divan de l'histoire, la France, d'un siècle à l'autre, ressasse les mêmes fantasmes.

Si j'étais psychanalyste, je prêterais peut-être une oreille attentive à ces divagations. Mais je ne le suis pas et, dès que je les entends, je prends congé.

A chacun son point sensible – cette zone qu'il suffit à peine d'effleurer pour déclencher une réaction immédiate, d'angoisse, de douleur, de colère. Ayant vécu vingt ans au Maghreb, lié, par mon engagement politique et mon mariage, à ceux qui m'ont fraternellement accueilli, donné une famille aimante et généreuse, ainsi qu'une nouvelle nationalité, je ne supporte pas que d'un mot, d'une plaisanterie ou, bien entendu, d'une stupidité raciste, on les agresse. Comme, actuellement, me sont intolérables les propos de tous ceux qui défendent et justifient l'attitude criminelle d'Israël envers les Palestiniens.

Incompréhension, stupidités, arabophobie ici, guerre coloniale là-bas: cela fait beaucoup. Et cela veut dire qu'en discutant avec des Français, je suis le plus souvent choqué, stupéfait, irrité. Non que la majorité soit ouvertement raciste : le *politiquement correct* oblige.

Dans une conversation, le racisme s'exprime le plus souvent de façon paternaliste : la personne « comprend » la violence des jeunes des banlieues, mais *quand même, ce n'est pas acceptable de manifester quand retentit l'hymne national*

- autrement dit elle n'a rien compris – *et il faut bien sévir*. Sans doute, mais éduquer, donner un emploi, aménager un lieu de vie tel qu'il ne rende pas fou furieux ? Cela, elle n'y pense guère <u>spontanément.</u>

Ou bien, revenant de vacances au Maroc, quelqu'un loue la politesse et la disponibilité du personnel hôtelier : *les* **fatmas** *qui nous servaient étaient très gentilles* … Appelle-t-il **Marie** toutes les serveuses françaises ?

Ou bien encore, parlant des beurs, quelqu'un s'étonne que de jeunes *immigrés de la deuxième génération* ne soient pas encore intégrés. Né en France, un Maghrébin reste un immigré ! Autrement dit, il est assigné à résidence et à vie dans une catégorie – une cage – où l'on ne range d'habitude que des animaux. Il est vrai que, *des boucs, bicots, ratons* d'hier à la *deuxième génération* (de *boucs, bicots, ratons*, naturellement), la différence n'est pas si grande…

Permanente, infinie est la liste de toutes ces expressions qui rejettent l'autre hors de la collectivité nationale et le relèguent dans une « zone sensible. A mon retour en France, je réagissais. Je ne le fais plus ou presque plus : il faudrait réagir sans cesse, tant le racisme – conscient, inconscient – imprègne les mentalités, tant il infecte le discours ordinaire.

Le plus simple, et le plus sain, est de se choisir d'autres interlocuteurs. La plupart de mes proches ne sont pas de *souche*, mais d'ailleurs.

13

D'où qu'il vienne, et même s'il ne vient de nulle part et réside de père en fils à Saint-Denis, reste perçu comme étranger tout individu qui n'est pas conforme au prototype national : un « vrai » Français est blanc, de « souche », « mange du porc, boit de la bière [38] » et porte un nom et un prénom « bien de chez nous ».

Un prénom, un nom étrangers provoquent toujours la surprise, éveillent d'emblée le soupçon et sont souvent un handicap. Il n'est pas rare qu'un officier d'état-civil suggère à celui ou celle qui se marie de changer de prénom. Ainsi proposa-t-on à Fadéla, ma compagne, de s'appeler « Violette ». Un « Maschino », déjà d'origine douteuse, c'était bien suffisant. Pourquoi en rajouter ?

Gamin, je ne supportais pas qu'à chaque rentrée scolaire, mes « petits camarades » me demandent d'un air soupçonneux « d'où tu viens, toi ? T'es pas de chez nous ! », qu'ils écorchent la prononciation de mon nom, qu'apprenant qu'il était italien, ils me traitent de « *macaroni* », puis, découvrant que j'étais aussi à moitié russe, de « *mongol* ». « *Tu crois qu'une moitié de cosaque et une moitié d'italien, ça fait un Français ?* » me dit en 4ème mon voisin de table, qui, en guise de réponse, reçut un coup de poing qui l'envoya au sol – et me valut ma première « colle »

Je suis devenu moins brutal, ou je le suis autrement, mais je ne supporte pas qu'on prononce mal mon nom – je rectifie systématiquement, mais rares sont les interlocuteurs qui entendent…

Un ami ne comprend pas que je garde, pire : que j'affiche, sur la couverture de mes livres, le prénom arabe, *Tarik*, que

---

[38] Commentaire d'une femme qui est près de B. Hortefeux lorsqu'il se fait photograhier avec Amine, un jeune Maghrébin né en France et pas du tout conforme, selon le ministre, au « prototype » , 11 septembre 2009.

j'ai pris en me convertissant pour épouser Fadéla (une musulmane n'a pas le droit de se marier avec un non-musulman). « Ici, c'est grotesque, me répète-t-il », tout en accentuant l'accent anglais qu'il tient de son éducation.

S'appeler *Durand* ou *Dupont,* si possible. Disparaître dans la masse. Ne pas avoir d'accent. Ni d'odeur – ou alors, des odeurs bien françaises. S'habiller, manger, se divertir, réagir comme tout le monde, cacher toute trace d'étrangeté : c'est la condition *sine qua non* pour être accepté.

Français de couleur, ou « visibles », étrangers naturalisés et parfaitement intégrés restent suspects : pourquoi ces traces de henné sur ses mains ? N'est-ce pas la preuve qu'elle ne veut pas s'assimiler totalement ? Et lui, pourquoi continue-t-il à rouler les r ou, l'hiver, à porter une chapka plutôt qu'une casquette ? Bizarre, bizarre... « Je ne comprends pas, dit Rosa, pourquoi en France on a le culte du même. Du semblable. Ni pourquoi on veut à tout prix que quelqu'un soit déchiré, parce qu'il porte en lui une certaine diversité. »

Même un homme de bonne volonté comme Bernard Pivot s'étonne qu'un étranger maîtrise aussi bien le français qu'un Français d'origine – ce qui est non seulement blessant, mais grotesque, quand on pense aux mille incorrections que font les natifs quand ils s'expriment.

Recevant à son émission *« Bouillon de culture »* un romancier qui venait d'obtenir le prix Goncourt, il n'hésita pas à lui poser une question désobligeante qu'il n'avait sans doute jamais posée à un écrivain « de souche » : se servait-il beaucoup du dictionnaire ? ...

14

S'il est un fait que de nombreux Français ne comprennent pas, qui leur paraît suspect ou même inadmissible, c'est la double appartenance : si l'on a choisi de vivre en France, pourquoi garde-t-on sa nationalité antérieure ?

La réponse semble évidente : pour être et se sentir plus libre. Toute appartenance est un corset, elle serre, contraint, limite, empêche. Qu'il y en ait une autre, chacune s'en trouve relativisée, et l'on respire mieux.

Ainsi Descartes : « Me tenant comme je suis, un pied dans un pays et l'autre en un autre, je trouve ma condition très heureuse en ce qu'elle est libre[39] ».

Ainsi, le prince de Ligne : « J'aime mon état d'étranger : Français en Autriche, Autrichien en France, l'un et l'autre en Russie, c'est le moyen de se plaire en tous lieux et de n'être dépendant nulle part [40] ».

Si, à mes deux passeports, français et algérien, je pouvais ajouter un russe, je me sentirais encore plus libre, ou moins lié, et ne m'en porterais que mieux.

A la plus grande incompréhension des gens d'ici et, probablement, de ceux d'ailleurs : double nationalité=double jeu, virtuel ou réel, c'est quasiment pour tous une évidence. On voit là, en germe, une trahison toujours possible, un attachement moindre au pays d'accueil, une fidélité douteuse. Au lieu d'y voir, simplement, le refus de se mutiler, le désir de conserver ce qu'on est <u>aussi</u> par ailleurs et de ne pas se couper symboliquement de ceux qu'on aime.

Apparemment, cela dépasse l'entendement de la plupart de mes compatriotes.

---

[39] Cité par T.Todorov, *op.ci.*
[40] *Ibid.*

D'où ces questions grotesques que certains me posent : « Quand il y a un match France-Algérie, ou France-Russie, tu es pour qui ? » Mais pour personne ! Le football ne m'intéresse pas, et surtout, je n'éprouve aucune démangeaison nationaliste : je n'ai donc aucune préférence, la victoire des uns m'indiffère, la défaite des autres me laisse froid. Cette réponse, généralement, stupéfie l'interlocuteur, le choque et le convainc que je suis soit un apatride soit un très mauvais citoyen.

Il arrive qu'il insiste : « Mais quand tu entends *la Marseillaise*, tu n'es pas ému, ça ne te remue pas les tripes ? » Hélas non, mes tripes ne vibrent pas et ma raison soupire : comment peut-on, à une époque où les nations se défont, où aucun pays européen ne menace la France, exalter de façon si guerrière le sentiment national ?

Chanter la *Marseillaise* pendant l'occupation allemande avait un sens – c'était le refus de la défaite et de l'humiliation. Que des résistants, sur le point d'être exécutés, entonnent l'hymne national était un bel exemple de courage et de dignité. Mais aujourd'hui, chanter l'hymne national dans les écoles, sur les stades ou le faire retentir lors des cérémonies officielles ne sert qu'à exciter un orgueil, ou une agressivité, totalement déplacés.

Le seul hymne qui me touche, non pas, évidemment, en raison du passé qu'il rappelle, mais parce que, au-delà des régimes monstrueux qui en ont fait leur étendard, il est porteur d'une espérance, c'est *l'Internationale* : un jour, peut-être, un jour lointain, très lointain, si jamais il arrive, les damnés de la terre, les forçats de la faim se dresseront tous ensemble contre leurs exploiteurs…

Il arrive enfin qu'un interlocuteur me pose, croit-il, la question piège : « Mais s'il y a une guerre entre la France et l'Algérie, tu es dans quel camp ? » Cette question m'embarrasse d'autant moins que j'y ai déjà répondu, très concrètement : en 1957, quand l'armée m'a appelé sous les drapeaux, j'ai refusé d'aller me battre contre les Algériens qui, en combattant pour leur liberté, se comportaient exactement comme les résistants français en lutte contre l'occupant.

Obéir spontanément à l'appel du clairon comme un chien à l'appel de son maître, est indigne d'un homme. Obéir aveuglément à l'Etat, quoi qu'il commande, est lâche ou infantile : à chacun de juger si l'ordre est juste ou non et, s'il ne l'est pas, de désobéir.

N'appréciant guère la double appartenance et raisonnant de façon binaire, exclusive – si l'on est vraiment français, on ne garde pas ou l'on n'acquiert pas une autre nationalité -, la plupart des Français ne se rendent pas compte que leur aspiration à une francité « pure », sans mélange, sans partage, si elle se réalisait, ferait d'eux-mêmes et de leurs compatriotes des êtres aussi démunis, aussi limités que les Tasmaniens.

Les Tasmaniens, rapportent les ethnologues, forment probablement la société la plus fermée, la plus homogène qui soit : ces Océaniens appartiennent tous au même groupe sanguin. Farouches endogames, vivant exclusivement entre eux, ils étaient, dans les années trente, les êtres les plus arriérés qu'ethnologue ait jamais rencontrés : ils n'avaient pas encore inventé le feu et leur langage se composait de quelques *clics* et *clacs* de la langue…

Nous n'en sommes plus là. Grâce à tous ceux qui, depuis des millénaires, ont apporté à ce pays leur savoir-faire et leurs connaissances, grâce à tous ceux qui, venus de toutes parts, continuent aujourd'hui de le féconder.

Ceux qui sont nés et ont grandi ailleurs, qui ont assimilé une autre culture, comme ceux qui, enfants, ont vécu en France dans une famille étrangère, sont généralement beaucoup plus riches, humainement, que ceux qui n'ont qu'une seule appartenance : leur sensibilité est plus fine, plus ouverte, leurs jugements sont plus nuancés, plus éclairés, puisqu'ils sont à même de comparer, leur double culture leur permet de diversifier leurs relations, d'accroître leurs connaissances et de goûter dans le texte des chefs d'œuvre étrangers. Elle les préserve également d'un nationalisme exacerbé et les protège de toute crispation identitaire.

Vision idéale ? Certes, il y a dans la réalité toutes sortes de nuances, entre autres des reniements : pour mieux s'assimiler, être mieux accepté, certains affichent un nationalisme exacerbé, sacrifient l'une de leurs composantes, refusent de parler ou d'apprendre leur langue d'origine, francisent leur nom, s'efforcent de gommer toute différence – et s'appauvrissent, sans aucun bénéfice pour leur pays d'accueil.

Sur la page de garde de son livre : *Les immigrés, métèques ou citoyens ?*[41], Paul Oriol le dit très bien : « Mon grand-père, ouvrier agricole, parlait espagnol, français et occitan. Je suis médecin, je ne parle ni espagnol ni occitan. Je ne vois pas ce que la France a gagné dans cette évolution, je vois bien ce que j'y ai perdu. »

Je ne sais ce que, par mes origines étrangères, par la culture russe que j'ai d'abord reçue, j'ai pu apporter à ce pays où, en 1917, ma mère, ma grand-mère et leurs ami(e)s ont trouvé refuge, mais je sais, ne serait-ce que par comparaison avec de nombreux « indigènes », combien mon horizon aurait été borné si j'avais été « de souche ».

Intégration difficile : gamin, je ne savais trop qui j'étais et, selon les circonstances, j'étais tantôt russe, tantôt français. Mais plus souvent russe que français : à la maison, nous parlions russe, nous mangions russe, nous nous réunissions toujours dans la cuisine, comme le font volontiers les Russes, et quand j'entendais ma grand-mère, ma mère se raconter les tracasseries bureaucratiques/policières qu'elles subissaient, j'étais de leur côté, à 100/100.

---

[41] Editions Syros, 1965.

Elles disaient d'ailleurs « les Français », quand elles s'étonnaient, s'indignaient, se moquaient, et quand ces Français, en 1941, internèrent ma grand-mère dans un camp, comme ils le firent de tous les Russes « blancs », je suppliai ma mère de retourner « chez nous », en Russie.

J'avais 10 ans : de fréquenter « l'école française» depuis quatre ans ne m'avait pas apprivoisé. Et il m'arrivait souvent, à l'heure du dîner, de raconter ce que « les Français » m'avaient dit ou fait.

Le lycée ne m'intégra jamais complètement. Malgré les excellentes notes que j'avais, notamment en lettres : loin de convaincre mes « petits camarades » que j'étais des leurs, elles les rendaient jaloux et soulignaient mon étrangeté. Jamais « collé », toujours « félicité », décidément, je n'étais pas comme eux.

Je me sentais si peu à ma place dans ce pays qu'à 19 ans, je partis enseigner au Maroc, qu'en 1957 je rompis avec la France officielle – je m'insoumis – et rejoignis le FLN.

Preuve que j'étais un « mauvais Français » - un « traître » ? Pour la majorité de mes compatriotes, assurément. Pour moi, et quelques autres, pas du tout : je représentais la « vraie France », je me percevais comme un « vrai » Français - le citoyen d'une France idéale qu'au cours de mes années de lycée je m'étais fabriquée, à mille lieues de celle que je rencontrais dans ma vie quotidienne, une France magnifiée, celle de 1789, qui avait proclamé des valeurs universelles et apporté au monde un message de liberté.

Les députés de la Constituante n'avaient-ils pas accueilli, au même titre que des nationaux, des étrangers qui partageaient leur idéal ? La Constitution de 1793, dans son article 3, ne reconnaissait-elle pas la qualité de Français à tout étranger qui nourrissait un vieillard ou recueillait un orphelin ?

C'est cette France-là que, par mes écrits et par mes actes, j'ai défendu contre ceux qui la trahissaient.

Mais tous les rêves ont une fin, et il n'est pas d'idéalisation – d'une nation, d'une femme, d'une famille, d'un écrivain... – qui, au contact de la réalité, ne s'effiloche peu à peu.

Il y a longtemps, pour moi, que la France imaginaire est morte. La France réelle n'est rien d'autre que ce qu'elle fait et ce qu'elle fait ne la distingue en rien, et surtout pas en mieux, des autres pays. Mais si elle a commis, tout au long de son histoire, des crimes abominables, elle a également produit des penseurs dont je me sens très proche, et dont la valeur ne tient évidemment pas à leur nationalité. C'est leur pensée, ouverte, généreuse, rebelle qui fait leur grandeur. Même s'ils ne sont pas toujours exempts de préjugés.

Voltaire et sa dénonciation du nationalisme – « Il est triste que pour être bon patriote, on soit l'ennemi du reste des hommes (...) Celui qui voudrait que sa patrie ne fût jamais ni plus grande, ni plus petite, ni plus riche, ni plus pauvre, serait le citoyen de l'univers[42] »,

Montaigne et sa condamnation du chauvinisme : « J'ai honte de voir nos hommes s'effaroucher des formes contraires aux leurs : il leur semble être hors de leur élément quand ils sont hors de leur village. Où qu'ils aillent, ils se tiennent à leurs façons et abominent les étrangères. Retrouvent-ils un compatriote en Hongrie, ils festoient cette aventure : les voilà à se rallier et à se recoudre ensemble, à condamner tant de mœurs barbares...[43] »,

Montaigne encore, qui remet le barbare à sa place – la nôtre : « Chacun appelle barbarie ce qui n'est pas de son usage (...) Il semble que nous n'avons d'autre mire de la vérité et de la raison que l'exemple et idée des opinions du pays où nous sommes[44] »,

---

[42] *Dictionnaire philosophique*, cité par Tzvetan Todorov, *Nous et les autres*, Le Seuil.
[43] *Essais*, cité par T. Todorov, *op.cit.*
[44] *Ibid.*

Montesquieu : « Si je savais une chose utile à ma nation qui fût ruineuse à une autre, je ne la proposerais pas à mon prince, parce que je suis homme avant d'être français ou bien parce que je suis nécessairement homme et que je ne suis français que par hasard[45] », Rousseau, Diderot et beaucoup d'autres : Gide, Mauriac, Sartre sont le lien fondamental, avant tout philosophique, ou « humaniste », qui aujourd'hui me rattache à la France.

Ces intellectuels constituent le seul groupe de Français dans lequel je me reconnaisse - des intellectuels qui ne se revendiquent justement pas comme Français, pour qui être français n'est pas une valeur, mais un fait, pas une grâce, mais une contingence, et qui tiennent un discours universaliste, sans marquage national particulier.

Les autres, comme autrefois, me restent très lointains. Je ne les « sens » pas, la plupart de leurs réactions me sont étrangères, me paraissent souvent stupides, et mes amis les plus proches sont des étrangers, des Russes, des Algériens, dans sang-mêlés.

Quant aux représentants de l'Etat, experts en vilénies de toutes sortes, ils restent pour moi toujours dangereux, et les porteurs de képis me glacent : les militaires, parce qu'immédiatement me viennent à l'esprit des images d'Algériens torturés, les gendarmes et les policiers, parce qu'ils me rappellent l'Occupation. Quand j'aperçois au quartier Latin des cars de CRS casqués, matraque à la main, j'entends les aboiements qui gamin me terrorisaient – *Ausweis, schnell !*[46] - et je passe vite mon chemin.

On n'oublie jamais son enfance, on ne s'en délivre jamais et, pour ma part, je m'en réjouis : elle m'a vacciné contre le virus nationaliste et m'a préservé de toute excitation patriotique.

---

[45] *Cahiers.*
[46] *Vite, vos papiers !*

« La patrie, c'est de la glue », dit Cioran, et cette glue colle à la peau de la plupart des Français. Les aveugle sur eux-mêmes, étouffe leur esprit critique, les gonfle d'orgueil, les rend insolents et arrogants, ou au mieux paternalistes. C'est pourquoi ils sont si pénibles à supporter, à fréquenter. Il n'est pas de discussion où ne se manifeste leur superbe, il n'est pas de remarque sur les étrangers où ne se perçoive le contentement, généralement injustifié, d'être français.

Fiers d'être ce qu'ils sont, ils oublient toutes les abominations que leur pays a perpétrées – le Code noir, seul texte européen qui légalise et justifie l'esclavage, les conquêtes coloniales, avec les enfumades de Bugeaud, ancêtres des fours crématoires, la torture systématique, les exécutions sommaires, le pillage des pays conquis, l'asservissement et le mépris des peuples opprimés...

La liste est longue des crimes que des Français ont commis, mais s'il n'y a pas lieu d'en être personnellement honteux – pourquoi les fils devraient-ils hériter de la culpabilité des pères et des grands pères, même s'ils ont une dette envers les peuples que leurs ancêtres ont occupés et spoliés? – il est inadmissible d'occulter le passé et, l' occultant, de se glorifier d'être ce qu'on est, simple fruit du hasard et des circonstances. Se glorifie-t-on d'être blond ou brun, grand ou petit ? Mais l'on se vante d'être français !

Bêtise ! Rien n'est plus abject que le nationalisme – qui oppose les hommes les uns aux autres, fausse leur mémoire, les nourrit de mythes et de stupidités, les rend suffisants, méchants et agressifs, les abêtit et pervertit leur mentalité.

Regardez un Français-type crier, hurler, taper du pied et, au besoin, sur son voisin, s'il ne partage pas sa colère quand l'équipe de France perd un match, regardez-le s'exciter quand elle le gagne : un homme éclairé, ou un maniaco-dépressif dans sa phase d'excitation maniaque ?

15

Quand verra-t-on un Français déclarer que « tous les hommes sont (ses) compatriotes et (…) embrasser » un Arabe « comme un Français[47] » ?

Peut-être quand il ne sera plus français.

Par elle-même, par le fait même qu'en existant, elle crée à la fois des nationaux et des étrangers, toute nation coupe ses ressortissants des autres et, pour s'assurer de leur fidélité – autrement dit, de leur soumission – leur inculque un sentiment de fierté nationale qu'elle entretient de mille façons : célébration des victoires passées, cérémonies du souvenir dans les cimetières où reposent nos « vaillants ancêtres », défilés militaires, discours enflammés, distribution de médailles, nominations dans l'ordre de la Légion d'honneur, visite annuelle des palais de la République, enseignement dans les écoles d'une histoire-épopée…

« Devoir de mémoire », dit-on. D'autant plus impératif, certes, qu'en invitant les citoyens à regarder derrière, on les invite à ne pas regarder devant : comme le souligne Tristan Todorov, « cela nous permet de nous détourner du présent, tout en nous procurant les bénéfices de la bonne conscience… Commémorer les victimes du passé est gratifiant, s'occuper de celles d'aujourd'hui dérange[48]. »

Evoquer sans cesse les victimes d'hier permet également de s'identifier à elles et d'écarter, en leur nom, toute critique du présent, surtout si, en fait de victime, on s'est transformé en bourreau. En instrumentalisant les morts, on s'excuse en leur nom des ses forfaits et, se protégeant derrière des

---

[47] Montaigne, *Essais*, cité par T. Todorov, *op.cit*. Montaigne écrit « embrasser un Polonais » : j'actualise !
[48] T.Todorov, *Les abus de la mémoire*, Arléa.

monceaux de cadavres, on mène allègrement une guerre d'extermination.

Rappelant quelques-unes des méthodes de Bugeaud lors de la conquête de l'Algérie – « détruire les villages, couper les arbres fruitiers, vider les silos, (s'emparer) des femmes, enfants, vieillards, troupeaux », Tocqueville reconnaît qu'il s'agit là de « nécessités fâcheuses », mais ajoute que « tout peuple qui voudra faire la guerre aux Arabes devra s'y soumettre » et termine en déclarant que « M. le maréchal Bugeaud a rendu sur la terre d'Afrique un grand service à son pays ».

Des « enfumades » et des mechtas incendiées pour les Algériens, des hôpitaux, des écoles pour les colons : plus d'un siècle et demi après, les députés français célèbrent « les aspects positifs » de la colonisation ». Et la majorité des gens approuve, évidemment.

Honneur au passé, donc ! Flatté, manipulé, trompé, toute lucidité évacuée, le citoyen de base est fier de son pays, fier d'être français. Michelet ne lui souffle-t-il pas que « La France incarne l'humanité en ce que celle-ci a de plus humain », que « la France est une nation exceptionnelle, puisqu'en pleine nuit elle voit quand nulle autre ne voit plus »[49] ?

La fierté nationale a un corollaire : pitié ou mépris pour tous ceux qui n'ont pas la chance d'appartenir à son pays. Cette fierté-là dégénère facilement en xénophobie ou racisme – qu'elle contient en germe - lorsque la politique à l'égard des étrangers se durcit et en fait des indésirables.

A vrai dire, ils n'ont jamais été désirés. Acceptés ou plutôt supportés par nécessité économique, tels ces Polonais, dans les années vingt, qui arrivèrent en France dans des wagons de bestiaux, un écriteau au cou, oui. Mais accueillis avec plaisir, avec respect – jamais.

---

[49] Cité par Tristan Todorov, *Nous et les autres...*

Un siècle plus tard, loin de les remercier, eux et leurs enfants, pour l'énorme travail accompli – à deux reprises, ils ont contribué à relever le pays de ses ruines - les dirigeants, par le biais de « petites phrases » ou de confidences à un journaliste, entretiennent vigilance et xénophobie.

Fidèles disciples de Maurice Barrès : « La France hospitalière, c'est un beau mot, mais hospitalisons d'abord les nôtres »,[50] Giscard d'Estaing dénonce le risque d'une « invasion », Rocard déclare que « la France ne peut pas accueillir toute la misère du monde », Mitterrand évoque un « seuil de tolérance » que les étrangers, d'après Chirac, ont largement dépassé.

Il n'est pas inutile de citer ce morceau d'anthologie raciste, que l'auteur assume sans honte ni regret : nullement gêné de s'exprimer comme n'importe quel plouc du Café du Commerce, il déclare qu'il a « exprimé tout haut ce que beaucoup pensent tout bas » :

« Notre problème, dit J. Chirac, ce n'est pas les étrangers, c'est qu'il y a overdose. C'est peut-être vrai qu'il n'y a pas plus d'étrangers qu'avant la guerre[51], mais ce ne sont pas les mêmes, et ça fait la différence. Il est certain que d'avoir des Espagnols, des Polonais et des Portugais travaillant chez nous, ça pose moins de problèmes que d'avoir des musulmans et des Noirs (…) Comment voulez-vous que le travailleur français qui habite la Goutte-d'or (…), qui travaille avec sa femme et qui, ensemble, gagnent environ 15 000 francs, et qui voit sur le palier à côté de son HLM, entassée, une famille avec un père de famille, trois ou quatre épouses et une vingtaine de gosses, et qui gagne 50 000 francs de prestations sociales, sans naturellement travailler ! *(applaudissements nourris)*, si vous ajoutez à cela le bruit et

---

[50] *Ibid.*
[51] Le pourcentage d'étrangers en France n'est pas plus élevé aujourd'hui qu'en 1930 : il se situe autour de 6% (5,6% en 2007). Cf. G. Mermet, *op.cit.*

l'odeur (*rires nourris*), eh bien le travailleur français sur le palier devient fou ! Et il faut le comprendre[52]... »

Il faut comprendre, en effet, qu'il y a *étranger* et *étranger*. Et que ces Noirs, ces Arabes, polygames, superféconds, bruyants et puants n'ont pas leur place en France.

De Gaulle lui-même le pensait :

« C'est très bien qu'il y ait des Français jaunes, des Français noirs, des Français bruns, dit-il à Alain Peyrefitte. Ils montrent que la France est ouverte à toutes les races et qu'elle a une vocation universelle. Mais à condition qu'ils restent une petite minorité. Sinon la France ne serait plus la France. Nous sommes quand même avant tout un peuple européen de race blanche, de culture grecque et latine, et de religion chrétienne (…) Vous croyez que le corps français peut absorber dix millions de musulmans, qui demain seront peut-être vingt millions et après-demain quarante ? Si nous faisions l'intégration, si tous les Arabes et Français d'Algérie étaient considérés comme Français, comment les empêcherait-on de venir s'installer en métropole, alors que le niveau de vie y est tellement plus élevé ? Mon village ne s'appellerait plus Colombey-les-Deux-Eglises, mais Colombey-les-Deux-Mosquées[53]. »

De l'Elysée à Matignon, d'hier à aujourd'hui, c'est toujours la même rengaine – le même fantasme d'une « invasion », la même méfiance, le même mépris -, à cette différence près qu'aujourd'hui cette xénophobie s'affiche avec complaisance et qu'un ministre se réjouit publiquement de rencontrer un Arabe qui ne « fait » pas arabe et mange comme un Français :

« Il est catholique, il mange du cochon et il boit de la bière », précise une femme. « Ah, mais il ne correspond pas du tout au prototype, répond Brice Hortefeux ». « C'est notre petit Arabe », souligne la femme. « Bon, tant mieux,

---

[52] Wikpédia, *Le bruit et l'odeur* (discours de Jacques Chirac).
[53] « La phobie d'une France algérienne », par Antoine Perraud (Mediapart). Cité par TERRA- Quotidien, 13 septembre 2009.

renchérit Hortefeux. Il en faut toujours un. Quand il y en a un, ça va. C'est quand il y en a beaucoup qu'il y a des problèmes.[54] »

En fait, pour le pouvoir comme pour les citoyens, il y en a toujours trop.

Etre étranger ou immigré, en France, n'a jamais été facile : les libertés d'installation, de circulation, de travail ont toujours été limitées et surveillées, et la liberté de parole quasiment inexistante. Sans parler des vexations et des humiliations que subissaient les étrangers lors de leurs démarches.

Chaque fois que ma grand-mère devait se rendre à la préfecture pour le renouvellement de sa carte de séjour, elle tremblait : pour se rassurer, elle allait implorer, à l'église russe de la rue Daru, l'aide du « Bon Dieu » et allumait quelques cierges. « Pourvu que je ne fasse pas trop de fautes en parlant, disait-elle. Si tu voyais avec quel mépris ils me corrigent.. Quand tu seras plus grand, tu viendras avec moi. Toi, tu es français, ils te parleront poliment … »

Ce n'est pas ma grand-mère, mais une amie russe, Marina, qu' il y a quelques années j'ai accompagnée à la préfecture. Elle parlait très bien français, mais elle était angoissée : « Tous les étrangers ont peur, même ceux qui ont tous les papiers, me dit-elle. On ne sait jamais comment on sera reçu ».

Sans même lui jeter un regard, la guichetière lui prit brutalement sa liasse de documents, vérifia, compta, recompta : il manquait un reçu de loyer. Un sur douze. « Allez vous inscrire au commissariat pour obtenir un nouveau rendez-vous. On se reverra d'ici trois mois… ». Marina eut beau lui dire qu'elle n'habitait pas loin, qu'elle pouvait lui apporter ce reçu d'ici une heure, rien n'y fit. J'intervins :

---

[54] « Ce que Brice Hortefeux a vraiment dit », *Le Monde*, 11 septembre 2009.

« Vous êtes le mari, le frère ?... Bon, alors de quoi vous mêlez-vous ? »

Déjà très restrictive à l'époque où la gauche était au pouvoir, la politique à l'égard des étrangers est devenue non seulement de plus en plus répressive : elle est ouvertement xénophobe. L'étranger en situation irrégulière ne mérite pas plus d'égards qu'un Zoulou en Afrique du Sud à l'époque de l'apartheid.

Etre étranger ou immigré, dans la France d'aujourd'hui, c'est se sentir toujours en danger, suspect, craint ou redouté, c'est avoir peur d'un contrôle, même si l'on est en règle, ou d'une fouille publique sur un quai de métro.

Les lois se suivent, de plus en plus restrictives et contraignantes, la répression s'intensifie, les vérifications d'identité se multiplient, le nombre d'expulsions ne cesse de croître. Qui sort de chez lui n'est jamais sûr d'y revenir, qui est convoqué à la préfecture pour « raison administrative » peut se faire arrêter au guichet[55], qui n'a pas ses papiers parfaitement en règle peut être séparé de ses enfants et de son conjoint, mis en rétention, puis conduit à l'aéroport, menotté et expulsé sans ménagement.

Il ne se passe pas de jour sans qu'on ne soit saisi d'indignation et de colère en lisant le journal. Chaque matin, on apprend que des jeunes gens ont été empêchés de se marier, qu'un(e) fiancé (e) a été renvoyé dans son pays d'origine, que des époux ont été séparés, des enfants arrachés à leur famille et confiés à l'assistance publique.

Il s'agit, chaque fois, d'étrangers sans papiers ? Certes, mais ceux qui viennent d'arriver se cachent, évitent de circuler seuls ou de prendre le métro, et trouvent refuge, généralement, chez des compatriotes qui les ont précédés. La

---

[55] Des instructions très précises ont été données aux guichets accueil pour faire en sorte que l'étranger qui répond à une convocation soit interpellé en douceur, avant même qu'il ne se rende compte d'avoir été piégé. Cf. *Le Monde,* 26 avril 2008.

plupart de ceux qu'on interpelle vivent en France depuis des années, travaillent, paient leurs impôts, ont des enfants, nés en France et scolarisés, et n'ont jamais eu affaire à la justice. Soit, mais ils n'ont pas, ou plus de papiers ! Qu'ils dégagent !

Tels ces Chinois, arrivés légalement à Paris elle en 1999, lui en 2003. Mariés en 2005, ils ont deux enfants et tiennent à Clermont-Ferrand un restaurant réputé. Mais qu'importe ! Leurs visas ont expiré depuis longtemps : par négligence ou ignorance, ils n'ont pas demandé une carte de séjour, ils sont donc sans papiers.

Un jour, des policiers se présentent, munis d'un ordre d'expulsion. Mais l'un des enfants n'a pas de passeport chinois, et le consulat refuse de lui en délivrer un. Déférés devant le tribunal, les parents se voient accorder un délai pour régler cette affaire. Le délai court jusqu'au 5 septembre. Mais le 1er septembre, un policier leur notifie qu'ils embarquent le lendemain pour Pékin et les avertit qu'une procédure de délégation parentale est engagée. En clair, les enfants restent en France : ils les retrouveront, leur dit-on, lorsque le consulat français de Pékin leur aura donné un visa…

Le lendemain, toute la famille « disparaît ». Accueillie et protégée par des membres du Réseau éducation sans frontière (RESF), soutenue par le maire socialiste de la ville et d'autres personnalités, elle espère que le préfet, malgré ses dénégations répétées, acceptera de régulariser leur situation[56].

Une situation qui n'a rien d'extraordinaire : elle se répète tous les jours. A Toulouse, une famille, une de plus, est brisée : d'origine croate, la mère est renvoyée en Italie avec trois de ses enfants, le père attend son expulsion vers l'Algérie, leur fils, Robert, 15 ans, reste seul.

Moi-même, au cours d'une enquête pour *Le Monde diplomatique* sur les difficultés qu'éprouvent les Algériens pour obtenir un visa, j'ai rencontré un cas de ce genre.

---

[56] *Le Monde*, 13-14 septembre 2009.

Mokrane et Zineb vivaient depuis des années en France, où ils s'étaient mariés. Mokrane était en règle, Zineb non : son visa était périmé. Arrêtée lors d'un contrôle de police, elle fut sur le champ placée dans un centre de rétention et, peu après, expédiée en Algérie. Où, lui avait-on dit, elle pourrait demander et recevoir un visa.

Prévenue de mon arrivée et avertie que je devais rencontrer l'ambassadeur de France, elle vint de Kabylie à Alger et me remit un dossier, avec les photocopies des lettres que, depuis 4 ans, elle adressait au consulat. En vain : elle n'obtenait ni réponse ni visa.

L'ambassadeur me reçut très froidement – « Qu'est-ce que c'est que cette campagne que vous avez déclenchée ? Je ne cesse de recevoir des lettres de députés, j'en ai vraiment marre ! » puis, sa diatribe terminée, laissa la parole au consul général et s'absorba dans ses dossiers.

Oui, ils étaient au courant de cette affaire, mais ils n'avaient aucune garantie sur le sérieux de ce mariage : « Pourquoi le mari ne rejoint-il pas sa femme en Kabylie ? Il a l'air de se passer d'elle sans trop souffrir... Et puis, qu'est-ce qu'elle va faire en France ? Etes-vous sûr que demain, on ne la retrouvera pas en train de se prostituer au Bois de Boulogne ? Qu'est-ce que vous en savez, hein ? »

Que répondre à des « arguments » de bistrot ? A la stupéfaction du consul, je me levai et pris congé. Le soir même, je transmis à bon nombre de personnalités un compte-rendu de cette rencontre.

Deux ans plus tard, un soir, le téléphone sonne. Au bout du fil, une voix joyeuse que je reconnais aussitôt : «C'est Zineb, vous vous rappelez ? Je suis arrivée il y a trois heures à Paris, C'est mer... merveilleux ! » Elle rit, elle pleure de joie, et Mokhtar, d'habitude si réservé, a des sanglots dans la voix.

Pour un couple sauvé, combien d'autres en souffrance ! Mari ou femme expulsé(e), telle cette Thaïlandaise mariée à un Français et sur le point d'accoucher, ce Malien,

Mamadou, en France depuis cinq ans, qui vient de décrocher un CDI et qu'on renvoie dans son douar d'origine – depuis, son fils est continuellement malade -, ce Congolais, en France depuis 11 ans, aide-soignant dans un hôpital de Melun, père de cinq enfants scolarisés en France – expulsé.

La répression s'abat aussi sur les épouses ou les amies françaises qui hébergent des étrangers en situation irrégulière. Malgré les démentis – les mensonges – d'Eric Besson, les tribunaux les condamnent, soit à une amende – 500 euros à Montpellier, 20 000 à Aix en Provence, 3000 à Toulouse - soit à deux ou trois mois de prison, pour l'instant avec sursis[57].

On pourrait multiplier les exemples. A découper les articles des journaux, on constitue très vite de gros dossiers. Dossiers de souffrances, dossiers de honte, qui témoignent on ne peut plus clairement de la xénophobie du pouvoir actuel : familles réveillées, épouvantées, à 6h du matin, hommes, femmes convoqués à la préfecture et arrêtés sur le champ, écoliers « attendus » à la sortie de l'école et jetés dans un fourgon de police, un bébé de 4 mois et son frère de 9ans placés en rétention dans une prison de Nîmes[58], parents interceptés et menottés devant les camarades de leurs enfants, familles disloquées, couples éclatés…

Il n'est pas de jour, actuellement, où la France ne soit défigurée, ses idéaux reniés, sa loi fondamentale bafouée, la devise de la République piétinée. Il n'est pas de jour où le Prince ne prenne des décisions de plus en plus ignobles, qui déshonorent ce pays qu'il enfonce méthodiquement dans l'abjection la plus noire. Une abjection contenue, en filigrane, dans la politique qui régit depuis longtemps – depuis les débuts ? - le statut des étrangers, mais qui, jusqu'à présent, n'avait pas osé se formuler. Depuis le discours de Grenoble (30 juillet 2010), c'est chose faite.

---

[57] Communiqué du GISTI, TERRA-Quotidien, 21 avril 2009.
[58] TERRA-Quotidien, 2 mai 2009. Sur le net : terra@cines.fr

Il en est désormais de l'étrangeté comme d'une tare congénitale. Ineffaçable. Absolue. Et qui marque la personne de sa naissance à sa mort. Si bien qu'un étranger qui acquiert la nationalité française reste malgré tout – et ce, en totale contradiction avec l'article Ier de la Constitution – un étranger, susceptible à tout moment d'être déchu.

Le Prince a donc décrété qu'il y avait maintenant deux catégories de Français, les « vrais », les « de souche », et les autres, provisoires, qui risquent la déchéance, non seulement « s'ils portent atteinte à la vie de (toute) personne dépositaire de l'autorité publique », mais s'ils commettent, comme le demande le ministre de l'Intérieur, « un acte de délinquance grave [59] ». Certains ont comparé le Prince à Napoléon (le petit). C'est plutôt à Pétain, qui priva les juifs de leur nationalité, qu'il fait penser.

Pétainistes, au demeurant, bien des Français le sont restés à l'égard des « Français de papier », qu'ils traitent comme des malpropres, des voyous potentiels, des terroristes en puissance ou des pestiférés – bref, comme des étrangers.

Journaliste au *Monde*, Mustapha Kessous en fait chaque jour l'expérience[60]. Quand il se présente au téléphone, il ne prononce plus son prénom : « Dire Mustapha, c'est prendre le risque de voir votre interlocuteur refuser de vous parler ». Obstacle à demi-contourné : lorsque l'interlocuteur le reçoit, il arrive qu'il veuille vérifier ses papiers. Telle cette directrice d'un hôpital psychiatrique qui, en l'apercevant, lui demande « Il est où, le journaliste du *Monde* ? » et manque de s'évanouir en découvrant qu'il est devant elle : « Vous avez votre carte de presse ? » lui lance-t-elle. « Vous avez une carte d'identité ? »

A peine sorti de son bureau, il se fait arrêter par la police, qui recherche le meurtrier d'un enfant... Et plus d'une fois,

---

[59] *Le Monde*, 13 août 2010
[60] *Le Monde*, 24 septembre 2009. Il faut lire ce témoignage, d'autant plus percutant qu'il est écrit sans aigreur – comme un constat.

désireux d'entrer dans un tribunal pour suivre un procès qui intéresse le journal, il se voit demander par l'huissier ou le gendarme en faction : « Vous êtes le prévenu ? »

Discothèques interdites d'accès, taxis qui ne s'arrêtent pas après minuit, agences immobilières qui n'ont plus rien à louer ni à vendre, même le ministre de l'immigration et de l'identité nationale qui, en le recevant, lui demande, « en plaisantant », paraît-il : « Vous avez vos papiers ? » : chaque jour, le journaliste français Mustapha Kessous se voit rappeler que, naturalisé ou pas, il est d'abord un Algérien : « On dit de moi que je suis d'origine étrangère, un beur, une racaille, un islamiste, un délinquant, un sauvageon, un « beurgeois », un enfant issu de l'immigration… Mais jamais un Français, Français tout court. »

Seuls quelques groupes de citoyens protestent, disent leur indignation, passent courageusement à l'action – cachent des étrangers, manifestent dans les aéroports et tentent d'empêcher une expulsion, agitent les médias, saisissent la Cour européenne des droits de l'homme.

Ces nouveaux « justes » donnent des Français une autre image – une belle image. Celle du courage, d'un humanisme en acte, d'une fraternité qui transcende les frontières et reconnaît en chaque homme, en chaque femme, un autre soi-même.

Mais que peuvent-ils contre la marée noire de la xénophobie qui recouvre la France comme ces immenses nappes de pétrole qui polluent l'océan ?

16

Rien n'y fait : ni les violences envers les étrangers, qu'ils constatent chaque jour, ni le spectacle de la xénophobie d'Etat et de ses agents, encore moins les démentis de l'histoire : la plupart des Français croient dur comme fer et répètent à qui veut les entendre que la France est le pays des droits de l'homme.

Bourrage de crâne, réflexe conditionné, orgueil national, analphabétisme politique ? Quelles que soient ses raisons, cette « évidence » n'est jamais remise en question. Qui la conteste passe pour un ignorant s'il est Français, ou un jaloux s'il est étranger.

Pourtant, si l'on ne regarde pas la réalité à travers le catéchisme tricolore, comment ne pas reconnaître que l'idée des droits de l'homme a longtemps cheminé à travers les siècles, d'un pays à l'autre, avant de prendre forme constitutionnelle, au nord de l'Europe, puis en Amérique, et de s'exprimer enfin dans la *Déclaration* de 1789 ?

Cette idée, explique Jacques Mourgeon, est apparue dans les sociétés extra-européennes, souvent situées autour, et au sud, du bassin méditerranéen[61]. On la trouve chez Moïse, par exemple, qui revendique déjà le droit des peuples à disposer d'eux-mêmes, chez un sage confucéen, Mong-tseu, qui écrit, trois siècles avant Jésus-Christ : « L'individu est infiniment important, la personne du souverain est ce qu'il y a de moins important ». On la trouve aussi, il y a trente –six siècles, chez Hammourabi, qui veut « faire éclater la justice pour empêcher le puissant de faire tort au faible, comme chez Antigone, qui se réclame des lois non écrites de la conscience.

---

[61] Jacques Mourgeon, Les droits de l'homme, PUF, 1985.

« La période 1450-1550 est une époque décisive dans l'histoire oscillante des droits de l'homme, écrit J. Mourgeon. (…) Outre les villes de la ligue hanséatique (…), en Ecosse, en Europe centrale, des expériences démocratiques stimulées par la Réforme voient le jour », en Angleterre, la monarchie, par le *Bill of rights,* répond positivement à la « pétition des droits » revendiqués par le Parlement.

Les idéologues français des Lumières s'inscrivent donc dans une tradition qui éclaire déjà l'Europe, lorsqu'à leur tour ils dénoncent la tyrannie et parachèvent, par la *Déclaration* de 1789, ce que d'autres ont formulé avant eux. Ils innovent moins qu'ils ne prennent le relai.

Mais ils le prennent avec prudence, avaricieusement – et il est aberrant que dans les écoles ou les discours publics on présente la *Déclaration* pour ce qu'elle n'est pas : elle ne concerne pas tout homme – tout être humain -, elle n'accorde des droits qu'à l'homme blanc et de bien, autrement dit aux bourgeois. Pensée, écrite par des bourgeois, elle ne s'applique qu'aux bourgeois. Incapables de payer la cotisation exigée, les citoyens pauvres ne sont ni électeurs ni éligibles. Sont également privés de tout droit les femmes, les enfants, les Noirs des possessions coloniales.

Peu à peu, sans doute, les uns et les autres se verront reconnaître les droits qu'au début les bourgeois se réservent. Mais avec quelle lenteur, quelle parcimonie, et après quels combats !

L'esclavage est bien aboli en 1794, mais cette abolition est symbolique et de courte durée : en 1802, l'esclavage est rétabli, et le *Code noir,* remis en vigueur.

Le Code noir ? Les manuels scolaires n'en parlent pas, ou très succinctement, et pour cause. Promulgué en 1685, abrogé en 1848, il légalise et légitime, en soixante-cinq articles, « le génocide utilitariste le plus glacé de la modernité », explique Louis Sala-Molins[62].

---

[62] Louis Sala-Molins, *Le Code noir ou le Calvaire de Canaan*, PUF, 2002.

Le pays des droits de l'homme est le seul qui ait justifié la maltraitance des Noirs et exposé en détail comment les nourrir – au minimum -, les châtier : « L'esclave fugitif...aura les oreilles coupées..., s'il récidive..., il aura le jarret coupé... ». En annexe, le prix à payer : « Pour pendre, 30 livres...Pour couper la langue : 6 livres...Pour (la) percer, 5 livres ».

Si prompts à dénoncer la barbarie, les philosophes se taisent : pas un mot, pas une protestation, rappelle Sala-Molins, contre un *Code* qui les laisse presque tous indifférents (Rousseau, Diderot), pire, qu'ils approuvent : pour Condorcet, les Noirs doivent « évoluer » avant d'être touchés par la grâce des Lumières. S'ils condamnent l'esclavage (Montesquieu), c'est uniquement celui de l'homme blanc. Car « le nègre », dit Voltaire, n'est pas tout à fait un homme : « L'intervalle qui le sépare du singe est difficile à saisir. »

Les femmes, comme les Noirs, ont dû lutter longtemps, et payer cher, pour se voir reconnaître les mêmes droits que les hommes.

C'est en 1944 seulement qu'elles obtiennent le droit de vote, en 1965, le droit de travailler, de gérer leurs biens, d'ouvrir un compte bancaire sans l'autorisation de leur mari, en 1975, le droit d'exercer, au même titre que le père, l'autorité parentale. Depuis 1983, toutes les professions leur sont ouvertes et la loi sanctionne, depuis 1992, les violences conjugales. En 1999, enfin, une loi proclame la parité dans toutes les instances de la vie professionnelle, comme dans les organisations politiques et les centres de pouvoir.

1789-1999 : il a fallu 210 ans pour que la *Déclaration des droits de l'homme et du citoyen* s'applique également à la femme. Bien après d'autres pays, qui ne se vantent pas, pour autant, d'avoir inventé la démocratie. Et qui, dans une large mesure, respectent très concrètement l'égalité proclamée, quand, en France, elle reste encore, pour les femmes et les

« minorités visibles », très formelle. Un discours plutôt qu'une réalité. Un rituel verbal plutôt qu'une conduite. Une exception, telles ces quelques femmes qui décorent la vitrine gouvernementale, plutôt qu'une règle.

Faut-il rappeler enfin que pour un grand nombre d'hommes et de femmes, la *Déclaration*... est quasiment lettre morte – les détenus, dont mains rapports, aussi inefficaces les uns que les autres, soulignent les conditions inhumaines de leur détention, les travailleurs jetés à la rue comme des kleenex ou traités comme des pions, interchangeables et exploitables à merci, qui n'ont d'autre façon d'affirmer leur humanité qu'en se jetant par la fenêtre de leur entreprise – « une mode », ose dire leur patron -, ces hommes, ces femmes qui couchent sous les ponts, mangent dans les poubelles et meurent sur les trottoirs, ces étrangers expulsés comme on se débarrasse de poux ou de cafards, ces retraités à 600 euros par mois, parfois à 450, quand d'autres empochent des millions, tous les citoyens, à qui l'on ne cesse de mentir et qu'on presse comme des citrons... ?

La France, pays des droits de l'homme, quand le droit au travail, le droit au logement, le droit à un salaire correct, le droit à une instruction égale pour tous, le droit à la santé, le droit à une information objective, le droit au respect, qui que l'on soit, quand tous ces droits-la sont bafoués ?

« L'histoire du pays des droits de l'homme n'a rien d'une histoire des droits de l'homme », rappelle l'historienne Suzanne Citron .[63] En les confondant, idéologues et politiques cautionnent une prodigieuse mystification historique, qui, en jouant sur les mots, a métamorphosé une revendication de classe – les droits de la bourgeoisie – en défense de l'humanité, le pillage de l'Afrique et du monde arabe en « mission civilisatrice », les massacres en pacification – « Les Francs se servaient très bien de la francisque. Ils la lançaient sur les casques de leurs ennemis et leur fendaient la

---

[63] S. Citron, *op.cit.*

tête »[64]- , les brigandages et les conquêtes en défense de la patrie et la patrie elle-même en jeune femme brandissant le flambeau de la liberté !

On a envie de crier « Au fou ! ». Ecoutez celui-ci, par exemple : « La France est une personne... Elle souffre, elle a mal, elle espère, elle attend, elle peut mourir demain[65] ». L'auteur de ce lamento n'est pas un illuminé, il ne s'est pas échappé de Sainte-Anne. Il est historien et membre de l'Institut.

---

[64] Suzanne Citron, *Le mythe national*, EDI 1987.
[65] P. Chaunu, *La France*, Hachette, 1982.

17

Méfiance à l'égard de l'étranger. Peur et/ou haine des musulmans. Cohabitation difficile entre résidents, intolérance, chamailleries et conflits permanents. Indifférence aux malheurs des autres. Attachement obsessionnel à ses habitudes, crispation sur ses manies. Peur panique du changement, refus de toute innovation. Peur des courants d'air. Volets fermés, portes blindées : de la sécurité avant toute chose.

Absence totale de projet. Ressassement continuel du passé, évocation permanente de ses faits d'armes et de ses exploits. Délire de grandeur, sens de la réalité totalement défaillant : la plupart des Français me font penser à ces pensionnaires d'une maison de retraite qui, inconscients de leur décrépitude, ou la déniant, proclament qu'ils ont toujours vingt ans et qu'ils sont les plus forts.

Pourquoi s'en étonner ? Ils sont à l'image du pays où ils vivent et qui, par ses cocoricos incessants, l'agitation burlesque de ses dirigeants, leurs déclarations fracassantes, leur superbe, leur fait perdre toute mesure, toute raison.

Il y eut un temps où ce pays fut grand. Il portait un idéal de liberté, ses intellectuels étaient à l'avant-garde d'un combat émancipateur, les cours étrangères, où l'on parlait français, se les arrachaient et en même temps les craignaient. La culture française était <u>la culture</u>, et la France, « terre d'asile », « pays des droits de l'homme », apparaissait comme un modèle de civilisation.

Au XIXè siècle encore, les hommes politiques, de gauche, de droite, défendaient des projets, et les citoyens, partie prenante des luttes, n'hésitaient pas à dresser des barricades ou à soutenir de longues grèves. Progressistes ou réactionnaires, tous étaient convaincus, même s'ils le concevaient différemment, que leur pays avait un avenir. Et ils se battaient pour qu'il fût à la hauteur de leurs espérances.

Cette France-là n'existe plus.

Vestiges d'une jeunesse depuis longtemps oubliée, les idéaux de 89 n'ornent plus que le frontispice des mairies. Telles ces photos jaunies qu'on retrouve dans un vieux carton, ils nous rappellent les beaux rêves et les illusions perdues d'une nation qui, riche d'espérances et pleine d'ardeur, écrivait une histoire qu'elle croyait grandiose.

Elle ne l'écrit plus. Ne maîtrise plus sa propre histoire. Elle n'a plus l'initiative, elle n'agit plus, elle réagit, elle ne crée plus, elle gère. Elle vit au jour le jour, à l'économie, frileusement. Elle est à la retraite et le supporte mal : aigrie, ronchonne, elle tente de peser sur le cours des événements et, par ses prétentions hégémoniques, énerve ses voisins.

Sans idées, sans projet, son personnel politique n'a qu'un seul objectif : gagner une mairie, une présidence de canton, de département ou de région, sans oublier, naturellement, celle de la République.

Quand un pays n'a d'autre histoire qu'électorale, quand les candidats, quel que soit leur parti, n'ont comme tout programme que leur personne – un programme qu'ils enrobent évidemment dans un emballage idéologique parfaitement creux et toujours trompeur : « servir la France », « rénover la gauche », « les renvoyer tous » -, il est évident que pareil « projet » ne séduit pas les hommes, les femmes de valeur. D'où la médiocrité, l'interchangeabilité des responsables politiques, un jour DRH dans une entreprise, un autre jour ministre, avant de pantoufler dans le privé ou de passer à la trappe.

Excepté quelques rares personnalités – Léon Blum, de Gaulle, Mendès-France -, la plupart des hommes politiques n'ont aucun talent particulier. Avocats sans envergure, enseignants déçus ou sans vocation, énarques sans relief ou technocrates sans épaisseur, agents d'assurances parfaitement inconnus, tous ces êtres sans qualité particulière et à l'ego insatisfait s'imaginent, en s'engageant en politique, échapper à la grisaille générale, se faire un nom, acquérir du pouvoir et des privilèges.

Quelques-uns y parviennent, en assimilant très vite les qualités requises pour réussir : sens aigu de la manœuvre et de la manipulation, capacité hors du commun de mentir et de trahir, aptitude à de multiples reniements et retournements, faculté d'oubli hors pair et mise entre parenthèses de toute dignité.

Dès que l'un de ces filous, l'une de ces filoutes s'est trouvé une place sur le cocotier, il, elle s'y accroche furieusement, multiplie coups bas et crocs en jambe pour éliminer rivaux et envieux et grimper vers les sommets, renie allègrement ses convictions et telle qui se vantait de n'être ni pute ni soumise écoute sans mot dire les éructations racistes d'un ministre.

Féroces avec leurs collègues, ils rampent devant leurs aînés et s'aplatissent devant le Prince. Redoutant sa colère, ils lèchent ses mocassins, se taisent quand il parle, font le gros dos quand il tonne, approuvent ses insanités – sur l'Afrique, par exemple, qui n'aurait pas d'histoire – répercutent, dûment munis d' « éléments de langage », les décisions du chef et se risquent éventuellement, quand ils craignent de l'avoir mécontenté, à lui offrir une boîte de chocolat.

Plastronnant sur une estrade, mais humbles et apeurés devant leur Maître, ils n'ont auprès du peuple aucun crédit : rarement la rupture a été aussi grande entre les citoyens et la classe politique. Plus personne ne fait confiance à ces guignols, et il est stupide de reprocher aux citoyens de ne leur accorder aucun crédit ou de manifester, par leurs quolibets ou leur refus de leur serrer la main, à quel point ils les rejettent et les méprisent : quel politique ne les a pas trahis ?

De Guy Mollet, élu sur un programme de paix en Algérie, qui expédie des milliers de réservistes dans les djebels, à tel autre qui, jurant qu'il ne modifierait pas l'âge de la retraite, le repousse, une fois élu, de deux ans, quel dirigeant n'a pas renié ses promesses et bafoué ses électeurs ?

L'attitude de rejet de la plupart des Français est d'abord une réaction de défense, et ce qu'ils sont devenus – indifférents à la chose publique, lisant peu de journaux, encore moins de livres (30% n'en lisent jamais), soucieux avant tout d'eux-mêmes – est le résultat d'une politique, de « gauche » comme de droite, qui, depuis des décennies, met tout en œuvre pour les décérébrer: écoles dépotoirs, enseignants de plus en plus rares et sans formation, télé-poubelle...

Sauve qui peut général. Repli sur soi, sa vie, ses rêves, ses amours, ses copains. « Se faire plaisir », c'est désormais l'unique préoccupation d'un peuple spolié de tout pouvoir, privé de parole, gavé de mensonges et qui ne croit plus en rien ni en personne. Le ludique, le festif sont les normes du jour – la seule façon, pour la plupart, d'oublier - oublier l'entreprise qui tue, le chômage qui guette, les dettes qui s'accumulent, le loyer qu'on a de plus en plus de mal à payer, les soins trop chers, la dépression qui pointe... - la seule façon de « respirer », de survivre.

Se maintenir en forme - jogging, piscine, karaté, marches... - , rester jeune – crèmes, liftings...-, bien manger, bien boire, bien baiser ont valeur d'impératifs catégoriques : « Quand on ne croit plus à rien, écrit Cioran, les sens deviennent religion. Et l'estomac finalité. Le phénomène de la décadence est inséparable de la gastronomie (...) Quand on traverse une crise de doute, quand tout nous dégoûte, le déjeuner devient une fête. Les aliments remplacent les idées[66] ».

Les producteurs d'idées sont d'ailleurs aux abonnés absents. Avec Sartre, Foucault, Bourdieu, et quelques autres, la France a perdu ses intellectuels. Les remplacent des cuistres qu'anime une seule ambition : être vus, occuper le

---

[66] Cioran, *De La France*, L'Herne.

devant de la scène médiatique, approcher les centres du pouvoir, flatter le Prince, recevoir une décoration, être chargé d'une mission, jouer les ambassadeurs.

Ceux d'hier parlaient pour ceux qui ne savent pas ou ne peuvent pas prendre la parole, ils défendaient la justice et la liberté et payaient de leur personne. Ceux d'aujourd'hui n'entendent pas les plaintes des damnés de l'Hexagone, déclarent eux-mêmes que « le social » ne les intéresse pas et, s'autoproclamant défenseurs des droits de l'homme, soutiennent sans vergogne les oppresseurs et les massacreurs – dictateurs africains, va-t-en-guerre de Tel Aviv.

Finalement, ne vivent debout, dans ce pays, n'existent comme hommes libres, comme démocrates, que ces minorités qui, ici et là, interviennent haut et fort sur la place publique : création de réseaux, tel RESF (Réseau d'éducation sans frontière) ou la CIMADE, qui ont sauvé bon nombre d'étrangers sur le point d'être expulsés, tels ces groupes informels qui envahissent un supermarché et, avec les produits du bord, organisent un pique-nique gratuit, telles ces personnes qui, disposant de par leur profession de connaissances particulières, les diffusent sur internet ou écrivent un témoignage, ainsi Véronique Vasseur, ex-médecin chef à la prison de la Santé, dont le livre fit grand bruit, tels encore ces enseignants courageux, « Les désobéisseurs », comme ils s'appellent, qui refusent d'appliquer des programmes ou des méthodes qu'ils jugent anti-pédagogiques, le font savoir aux autorités et prennent le risque d'une sanction : mutation d'office, rétrogradation d'échelon, retenue sur salaire.

Tous ces actes de résistance ne peuvent certainement pas bloquer les machines de mort à l'œuvre dans cette société ; mais la coupure est telle entre le monde politique (dirigeants, partis) et « les gens » que c'est actuellement la seule façon de peser, si peu que ce soit, sur le cours des événements.

18

« La France, on l'aime ou on la quitte », dit le Prince. A voir comment il la traite, on se demande pourquoi il ne s'en va pas.

« Aimer la France » : excepté pour les illuminés ou les Tartuffes qui, la main sur le cœur, prétendent « aimer la France » pour camoufler leurs ambitions, leurs magouilles et leurs escroqueries, cette expression n'a aucun sens.

Un pays n'est pas une personne, c'est pour chacun le lieu où il est né, ou simplement celui où il vit, où il a ses repères, ses habitudes, ses amis, celui auquel l'attachent des projets ou des souvenirs

Quand j'avais 15/16 ans, la France, pour moi, c'était Paris : le lycée Condorcet, d'abord, et mes profs de lettres, puis de philo, que j'aimais et admirais. Ils m'ont découvert des penseurs que je fréquente toujours, Montaigne, La Rochefoucault, Voltaire, Montesquieu...

Paris, c'était encore le boulevard Saint-Michel, que je parcourais muni des livres que ma marraine, directrice de collection chez Armand Colin, me donnait à chacune de mes visites, les quais de la Seine où je flânais, d'un bouquiniste à l'autre.

A 18 ans, ma France s'agrandit : elle s'étendait de la Seine à la Charente et avait pour centre un petit village, Saint-Sornin, à une dizaine de kilomètres de Marennes, où je passais mes vacances dans une famille bohème amie de la mienne, famille de peintres, de poètes et de musiciens, et où je tombai amoureux d'Isabelle, l'une des filles de cette maison, que j'épousai quand je n'avais pas 20 ans.

Mari, bientôt père, il me fallait trouver un travail. Robert Tric, que j'eus comme prof de philo en hypokhâgne, m'en trouva un, et je partis enseigner au Maroc. Je quittai la France sans tristesse, sans regrets, et tandis que, parti de Bordeaux, le bateau gagnait la haute mer, je ne pensais, appuyé au bastingage et tout excité par le vent du large et les embruns, qu'à la vie nouvelle qui m'attendait.

L'été, je retournais en Charente, mais je me sentais chaque fois de plus en plus dépaysé. Les gens, les paysages, tout me paraissait petit, mesquin, vieillot, les questions des proches m'irritaient – « Alors, c'est comment, la vie chez les Arabes ? Tu n'as pas peur d'être égorgé ? » - et je n'avais qu'une envie : revenir « chez moi », dans les montagnes du Rif, puis du Moyen-Atlas, retrouver le Maroc où j'étais si bien, si amicalement reçu, si parfaitement adapté.

Je crus bien, en 1956, que je ne reviendrais jamais dans mon pays d'origine: c'était la guerre d'Algérie, je refusai de la faire et m'insoumis. La France prit alors le visage hideux de Massu et de ses paras, visage de haine d'une soldatesque qui brûlait les mechtas, ratissait les djebels, torturait et massacrait comme les SS.

En 1962, je gagnai l'Algérie indépendante et les Algériens, que j'avais rejoints dans leur lutte dès 1956, me donnèrent, aussitôt demandée, leur nationalité – que j'ai gardée. Et mon mariage avec une Algérienne, Fadéla – qui devint Fadéla M'Rabet - m'enracina encore plus dans ce pays.

Ironie de l'histoire : celle-là même à qui je devais de m'être si facilement intégré à sa communauté fut la cause involontaire de notre départ vers la France.

Ses premiers livres, *La femme algérienne* (Maspero, 1965), *Les Algériennes* (Maspéro, 1967), notre émission à la radio, *Le Magazine de la jeunesse*, où nous donnions la parole à des jeunes filles que leurs parents voulaient marier contre leur gré, indisposèrent si violemment le pouvoir – lors d'un conseil des ministres, il fut question de déchoir Fadéla de sa nationalité - qu'à moins de nous saborder et d'être ainsi les complices d'une situation que nous dénoncions, il n'était plus possible de rester : fliqués, suivis, « écoutés », nous étions condamnés à nous taire ou à partir.

Cela fait 40 ans que nous vivons en France. Où Fadéla, qui a fait ses études à Strasbourg, puis a exercé comme maître de conférence praticien des hôpitaux à Broussais-Hôtel Dieu, n'est nullement dépaysée. Très sociable et à l'écoute des autres, elle ne s'est jamais sentie étrangère, comme elle l'explique dans l'autobiographie qu'elle poursuit actuellement[67].

Une enfance russe, puis vingt années au Maghreb : déjà en porte-à-faux à l'école communale à cause de mes origines, je ne me suis jamais senti tout à fait d'ici. Le lien le plus fort que j'ai avec ce pays, c'est sa langue, sa culture. Me sont très proches les Français qui m'ont appris à penser, mais pour qui être français n'est rien de plus, comme le dit Montesquieu, que le fait du hasard.

Quand je pense « France », je pense à tous ces intellectuels critiques ou rebelles qui, de Montaigne à Voltaire et de Diderot à Sartre et Foucauld, ont dénoncé entre autres le chauvinisme, le nationalisme, l'arbitraire du pouvoir politique et la malfaisance du pouvoir religieux, je pense à ces philosophes qui, par leurs écrits et très souvent par leur vie, nous rappellent qu'un intellectuel est d'abord un rebelle et qu' « on a toujours raison de se révolter ».

Ne me sentant bien que parmi ces Français-là, je ne passe évidemment pas ma vie cloîtré dans une bibliothèque, et la France, comme dans mon enfance, c'est aussi Paris et, à Paris, certains lieux familiers auxquels je suis très attaché : la « commune libre » de Montmartre où nous habitons, et dont j'apprécie le cosmopolitisme, le quartier Latin et ses librairies, les quais de la Seine, et pendant les vingt années où

---

[67] Cf. *Une Enfance singulière*, Balland 2003, Riveneuve 2008, *Une femme d'ici et d'ailleurs*, Editions de l'Aube 2005, Riveneuve 2010, *Le Chat aux yeux d'or*, Editions des femmes Antoinette Fouque 2006, *Le Muezzin aux yeux bleus*, Riveneuve 2008, *Alger un théâtre de revenants*, Riveneuve 2009.

j'y collaborais régulièrement, les locaux du *Monde diplomatique*, où je me retrouvais parmi « les miens ».

La France, c'est encore la côte atlantique du côté de Lacanau et de Carcans, où l'on peut marcher des heures sans rencontrer personne, la Bretagne, Saint-Cast où, gamin, je passais l'été, le Cap Fréhel, encore sauvage il y a cinquante ans, Saint-Malo où, adolescent romantique, je restais de longs moments près de la tombe de Chateaubriand, en rêvant à Lucile et me récitant *Levez-vous vite, orages désirés...*

La France : de belles images, de beaux souvenirs, quelques lieux qui me sont chers, quelques amis, sa culture – c'est assez pour y rester.

Mais ce n'est certainement pas assez pour s'y sentir vraiment à l'aise : trop de misères nous entoure, trop d'injustice, trop de haine. Ceux qui s'en accommodent favorisent par leur passivité la mise à mort de ce pays.

Il n'y a qu'une façon, pour ceux qui l'aiment, de le prouver : se battre contre tous ceux qui chaque jour piétinent allègrement les idéaux qu'il s'est donnés il y a plus de deux siècles et que tant de Français, par leur passivité et leur égocentrisme, contribuent à enterrer.

L'HARMATTAN, ITALIA
Via Degli Artisti 15 ; 10124 Torino

L'HARMATTAN HONGRIE
Könyvesbolt ; Kossuth L. u. 14-16
1053 Budapest

L'HARMATTAN BURKINA FASO
Rue 15.167 Route du Pô Patte d'oie
12 BP 226 Ouagadougou 12
(00226) 76 59 79 86

ESPACE L'HARMATTAN KINSHASA
Faculté des Sciences Sociales,
Politiques et Administratives
BP243, KIN XI ; Université de Kinshasa

L'HARMATTAN GUINEE
Almamya Rue KA 028 en face du restaurant le cèdre
OKB agency BP 3470 Conakry
(00224) 60 20 85 08
harmattanguinee@yahoo.fr

L'HARMATTAN COTE D'IVOIRE
M. Etien N'dah Ahmon
Résidence Karl / cité des arts
Abidjan-Cocody 03 BP 1588 Abidjan 03
(00225) 05 77 87 31

L'HARMATTAN MAURITANIE
Espace El Kettab du livre francophone
N° 472 avenue Palais des Congrès
BP 316 Nouakchott
(00222) 63 25 980

L'HARMATTAN CAMEROUN
Immeuble Olympia face à la Camair
BP 11486 Yaoundé
(00237) 99 76 61 66
harmattancam@yahoo.fr

L'HARMATTAN SENEGAL
« Villa Rose », rue de Diourbel X G, Point E
BP 45034 Dakar FANN
(00221) 33 825 98 58 / 77 242 25 08
senharmattan@gmail.com

Achevé d'imprimer par Corlet Numérique - 14110 Condé-sur-Noireau
N° d'Imprimeur : 77204 - Dépôt légal : février 2011 - *Imprimé en France*